道醫經

以戒為師　以苦為師

有道者得　無心者通

〔唐〕呂嵒　著

鄺醒銳　講述

中華道醫健康學會

承先啟後

修己度人

道法自然

道醫經讚頌

道論覺行無宗派
內功外果福慧全
修尋源本觀自性
守有存無法自然

玄元 敬題

圖一　道醫總綱

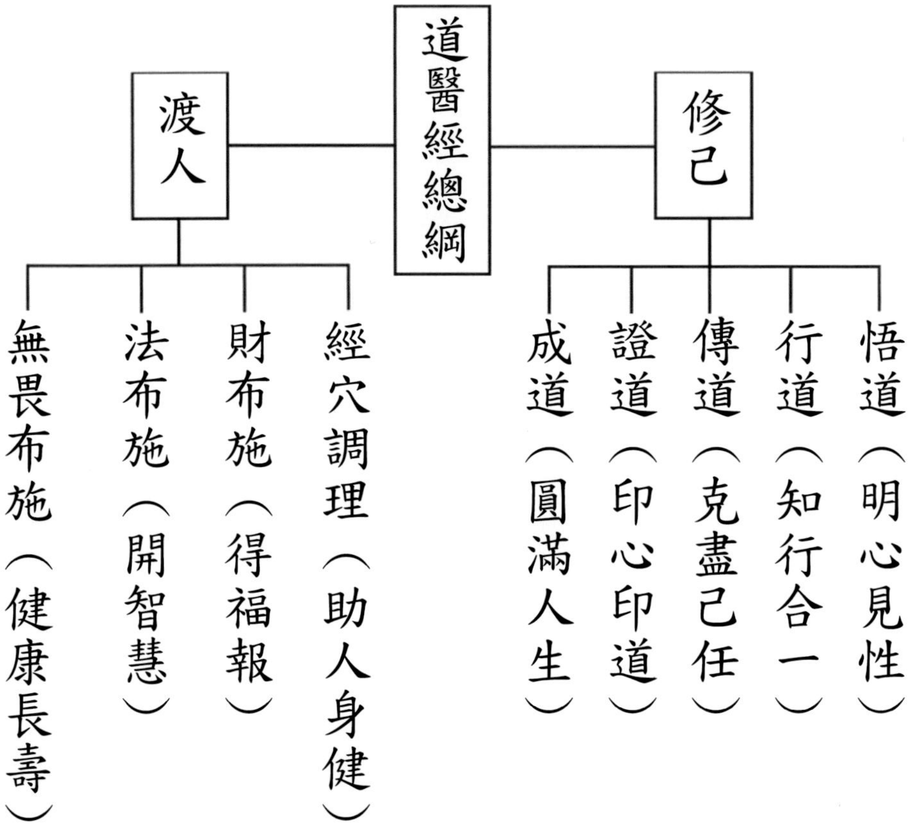
道醫經總綱
渡人
修己
經穴調理（助人身健）
財布施（得福報）
法布施（開智慧）
無畏布施（健康長壽）
悟道（明心見性）
行道（知行合一）
傳道（克盡己任）
證道（印心印道）
成道（圓滿人生）

圖二 概說八卦

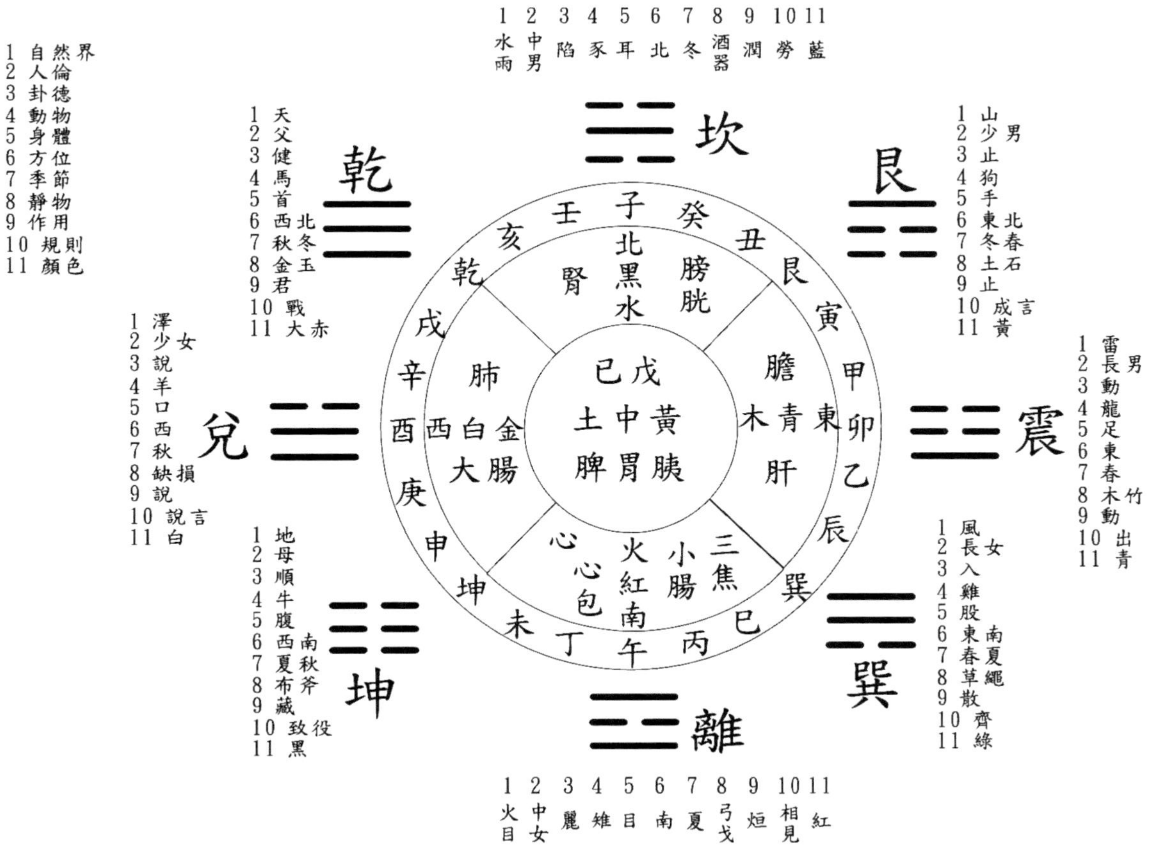
1 自然界
2 人倫
3 卦德
4 動物
5 身體
6 方位
7 季節
8 靜物
9 作用
10 規則
11 顏色
坎
1 水雨 2 中男 3 陷 4 豕 5 耳 6 北 7 冬 8 酒器 9 潤 10 勞 11 藍
艮
1 山 2 少男 3 止 4 狗 5 手 6 東北 7 冬春 8 土石 9 止 10 成言 11 黃
震
1 雷 2 長男 3 動 4 龍 5 足 6 東 7 春 8 木竹 9 動 10 出 11 青
巽
1 風 2 長女 3 入 4 雞 5 股 6 東南 7 春夏 8 草繩 9 散 10 齊 11 綠
離
1 火目 2 中女 3 麗 4 雉 5 目 6 南 7 夏 8 弓戈 9 烜 10 相見 11 紅
坤
1 地 2 母 3 順 4 牛 5 腹 6 西南 7 夏秋 8 布斧 9 藏 10 致役 11 黑
兌
1 澤 2 少女 3 說 4 羊 5 口 6 西 7 秋 8 缺損 9 說 10 說言 11 白
乾
1 天 2 父 3 健 4 馬 5 首 6 西北 7 秋冬 8 金玉 9 君 10 戰 11 大赤
子 癸 丑 艮 寅 甲 卯 乙 辰 巽 巳 丙 午 丁 未 坤 申 庚 酉 辛 戌 乾 亥 壬
北 黑 水 腎 膀胱
膽 木 青 東 肝
三焦 小腸 火 紅 南 心 心包
肺 西 白 金 大腸
己戊 土 中 黃 脾 胃 胰

學會成立團體合照（2019年3月31日）

目錄

序文

《天地人》道經每隔五百至六百年間就要重編一次，現在距前次《天地人》經問世正好約六百年，本宗於民國九十六年十一月三日（歲次丁亥年九月二十四日）由　神農大帝降賜《人卷脈經》，隨後　呂洞賓真人於民國九十八年三月二十一日（歲次己丑年二月二十五日）降賜《道醫經》，於民國九十八年九月二十六日完篇。據醫書可考記載《道醫經》之源，早在宋朝即傳世，但未見流傳，清光緒二十年（歲次甲午年，公元一八九四年），由　呂真人再次傳授，名為《醫道還元》，惜湮沒於民間未廣泛流傳，此次《道醫經》三度傳世，為道元宗《人卷》經文之一部份，承前聖賢佛真授傳智慧心得與經驗，傳授與承受正好來應時代的需要。

《道醫經》首降塵寰時，在宋仁宗嘉祐五年（歲次庚子，公元一〇六〇年），宋仁宗趙禎追謚仁宗，有其必然原因，當代賢臣、名儒輩出，舉其大者簡述如下：范仲淹、韓琦、富弼、狄青、歐陽修、包拯、王安石、司馬光、胡瑗、邵雍、周敦頤、程顥、程頤、張載、朱光庭、蘇軾、蘇轍。期間有名事蹟如下：由范仲淹負責之「慶歷新政」，後因財閥權貴反對而無成，才有神宗朝王安石「熙寧變法」之故事；任包拯知開封府，留名千古；嘉祐五年歐陽修上表編撰新唐書，後有神宗朝元豐七年（歲次甲子）司馬光所編《資治通鑑》二百九十四卷；仁宗皇祐四年任胡瑗為國子鑑直講，為北宋理學開出引道，宋明理學經五子等之闡發，始能光彩耀目；仁宗至和二年改封孔子後代為衍聖公，永受奉祀；仁宗景祐三年戒群臣越職言事、仁宗寶元元年詔求直言、戒百官朋黨。史載諸多賢德者其事蹟多為後人所推崇稱頌，皆在制行立事，端正時下民風，扶正祛邪闡揚社會倫理。

道元宗三教合參，而「儒釋道」三合的觀念，指的是身心靈的合一，它能夠傳千年，經過億萬年、億萬人學習，中間的道理從來都沒有變化。在三教會參中，以南朝梁武帝時期的善慧大士，或稱東陽大士的傅翕（公元四九七年至五六九年）為最，祂的「道冠儒履佛袈裟，會成三家作一家」，尤其膾炙人口，充分表達對三教會參的認同與身體力行。祂有名的詩偈：「有物先天地，無形本寂寥，能為萬象主，不逐四時凋。」與　呂真人的《道醫經》開經偈：「大化玄宗歸無極，無無參透極品蓮，百脈歸根涵動靜，動乃陽始陰為靜。」此乃中國道家思想與佛學合流的典型。

《道醫經》以其詞彙文藻精美，涵義深廣精闢，所闡明開啟每個人身心靈的能量，用較中道的說法，無非是以生生世世的學習與勤行，蓄積個人智慧與精氣神的靈能，道家法天地養性修身，尤注重品德修養的重要。《道醫經》七字經文，若能深入研讀，並從有形藏象、經脈、絡穴著手，持恆修習並領悟者，對於修學者之進階，其助益與功效只有內省而實修者自知。

理元書於民國九十八年十月五日
（公元二〇〇九年）

緣啟

何謂道醫？「道以醫顯，醫從道行」是也！玄元走在道醫的路上已卅多年，佔了進入社會服務的大半歲月。這期間借用道醫的法門治好了無數人的病痛，也渡了志同道合的有緣人。這些同修分布在各地。上天仁慈賜予良機，道醫將逐漸開枝散葉。常有人問玄元什麼是道醫？就是用經穴為人治病嗎？玄元回說：您講的沒錯，但那只是「術」的範圍，內容包括陰陽生剋、五行補瀉、八卦相應等。目的使人體氣血：「濁者清」、「閉者通」、「滯者暢」、「逆者順」，回復應有的健康。除了醫人也可以醫物。醫有形之外，也可以渡無形。道醫經是儒、釋、道三家會參合而為一。包天包地蓋萬物。

開經偈最後三句：「百脈歸和身之原，五德無愧心之元，三寶皈一性命圓」，說明了身、心、靈的密切性。是修行者身體力行的不二法門。偈曰：「術為助道，道本天君，君道不濟，術必無依」。接著又問：要懂那麼多的學問知識，哪有這個「慧根」呢？玄元回說：您只要「會跟」便自然有「慧根」啦！

道醫經的問世參看前頁理元師兄的序文便可了解。以下兩首偈文說明了取經的時間與過程：

（一）天官大帝　降於民國九十八年三月廿一日

呂真慈航行教化，應時啓佈道醫經。

文簡理易五行妙，身清心靜性命圓。

（二）呂真人　降於民國九十八年九月廿六日

人神共力春分啓，行雲流水秋分收。
正法眼藏字內傳，道經九品今圓篇。

玄元於取經過程擔任鸞盤天地人三才中的天才（神界代言）。在民國九十八年九月廿六日道醫經圓篇後一週，即同年十月三日的鸞會記錄有一段「人界」與「神界」的對話。內容意義精闢，對修行者不只是分享，更是重要的啟示，因此必須原文轉錄，以不負前賢之教化。

天官大帝　示（神界）：

教化莫分神與人，有形無形誠即真。
鸞盤教化可有無，九品圓真人扮神。

理元宗主（人界）：稟　大帝，弟子覺得本來就是這樣，道宗也走了快三十年了，大家在鸞這上面下的功夫很深，依賴也很重，但實際上卻忘掉自己心中本來就有一尊神佛，這神佛是法力無邊，所謂法力無邊是說，他越去經歷，越去領悟，越去探索，就能知道的越多；但是道宗的同修來參學，卻以外在的神佛為其依歸、為其依賴，而捨自家之神佛於不顧，在這情況下，基本上可說是一邊長進，卻也一邊倒退，看起來所走的路有一點罣礙。我們取經的時間是週六，因為經文畢竟需先整理，然後解釋並教化，弟子建議未來週日的鸞就將之停掉，然後就由人來扮演神的代言者，代天宣化，讓人真正能以雙腳站立在地上，而不是浮浮在地，天天求神、求佛，希望神佛賜給他無限的力量，自己卻一點作為也沒有。憑良心說，這樣的情況比當乞丐都還差，乞丐還要拉下自己的面貌，而上乞於法，下乞於食，而鸞堂之生卻還要保持自己莊嚴的面貌，這樣不好。所以弟子建議未來週日的鸞就把它停掉，然後由經師開始著手籌備，先從《脈經》開始，然後《道醫經》，我們一步步來教，把所有人教會，週六《人卷》定篇定稿後，再來教其它的部份。

同一天呂真人　賜偈如下：（上四字：圓滿歸真）

呂真人　示（神界）：

圓通至理修無礙，滿心歡喜赴瑤池。

歸入無極更上層，真人非人真無人。

過了四天即民國九十八年十月八日清晨，理元師兄在睡夢中安詳「圓滿歸真」。

玄元經歷了不可思議的心路歷程，深深體悟前賢之用心良苦，爾後經五年的光陰細心研讀《道醫經》，於民國一〇三年春啟講《道醫經》，歷時五載，於民國一〇七年秋完成初講，經整理成道醫經講錄，以自身所解盡力而為，秉承　天官大帝所示「有形無形誠即真」這樣的理念，不敢說好，只能說在這古稀之年，今日不做，明日就沒人去做了。秉著捨我其誰的使命感，不揣冒昧毅然付梓，祈望識者共參，來者補正，幸甚至哉！

善知識：「凡有所相，皆是虛妄，若見諸相非相，即見如來。」自古至今諸多經典，其目的皆在引領修行者漸次步向覺境。是工具色相，文字相或說觀照相。有朝一日當您精通並領悟道醫經的義理後，就應把它放下，只管依教奉行，腳踏實地去實踐「信解行證」修己度人即是。切莫將此經典束之高閣，而是傳予緣者，以臻「道醫」承先啟後，源遠流長之目的。願與眾行者共勉之！

玄元書於公元二〇二〇年九月養生居

導讀

道醫經總綱（見圖一，圖版頁二）是整本道醫經的簡要。修行不外乎修己渡人、明心見性、見性成佛（覺悟）。「道」乃自然。人法地、地法天、天法道、道法自然。欲回歸自然大道就得修正後天的偏差行為。「醫」是醫身、醫心、身心平衡諧調，無罣礙則靈性自清。「經」者徑也，修行人遵行的方向。經典的文字教化或善知識的引導皆是。只要依教奉行並受持，自然了悟「修己渡人」之內涵。助人身健、財布施、法布施、無畏布施皆是渡人。經文中的「法財兩施煉金剛，濟人利物無量施，福慧雙全天地合。」說明渡人而完成修己大業。修行有次第上的過程：

（一）悟道：修行的目的在求解脫，離苦得樂。解脫了就能明心見性，悟道了。但悟道只算初成。

（二）行道：將了悟所知融入日常生活行為中，實踐知行合一。

（三）傳道：經文中的「內果圓成外功培」。內果圓成即是修己。外功培即是渡人。從「傳道、授業、解惑」去落實。

（四）證道：經文中的「印心印道心藏道，道宅心本明道心」。從「悟道、行道、傳道」到以他心證我心，以我心證他心。眾生心平等合一才算證道。

（五）成道：修行人不必追求做「偉人、聖人」。成道絕非個人擁有什麼，而是你幫助了多少人成長？《清靜經》：「雖名得道，實無所得，為化眾生，名為得道，能悟之者，可傳聖道」。有多少人因為你的努力不懈而感動，或因你的幫助而成長，因為你而改變人生，走向光明大道，這便是成功的內涵，這樣你的人生才是圓滿，而人生圓滿、修道有成，方為「成道」。

導讀的目的在於引領讀者輕易了解經文意涵。方能得取最大收穫。經文中有許多古文及比喻性的詞句與文字，就如同見到了一些符號而已，根本無法了解經文在表達什麼。所以必須借用「概說八卦」來解碼。（見圖二，圖版頁三）經文中身篇的「土釜」指的是「胃」，「金鐘」指的是「肺」，「藏魂宮」指的是「肝」，「載意垣」指的是「脾」，「水」是「腎」，「火」是指「心」。「中男」是指「腎」，「少女」是指「肺」等。其中包括了「天干、地支、陰陽、五行、八卦」等。讀者可細心對照，掌握好了再閱讀，如此才能水到渠成，受益更多更快！

註一：本經書於二〇一九至二〇二〇年製有講述影音，讀者可上網觀看視頻。

註二：於二〇一四至二〇一八年做了口述初講，可上網參照。

開經偈

大化玄宗歸無極，無無參透極品蓮，百脈歸根涵動靜，動乃陽始陰為靜。
胎津血液循百體，百年一逝體何存，調和五行歸安泰，安土敦仁泰祉臨。
轉入紫微勤守護，護國安民守維鈞，水火兩宮生萬象，萬物生化象歸空。
形固質剛傳妙法，妙行歸本法圓通，透出大千千萬理，萬重關隔理潛浮。
三六洞天無餘蘊，間餘好把蘊推尋，大地河山堪遍佈，遍行海內佈恩波。
大千宇內民生衆，無不可登於仁壽，耆老康壯十無二，夭折疾苦居八九。

大道不明於天下，欲明先醫載道軀，仰符天地心疾祛，性光回春大夢醒。

血脈伏根病變遷，五行悖亂兩氣錯，内邪起擾使之然，外欲誘之自作為。

先天三陽後三陰，操行百骸之根蒂，醫其戾者使之和，引其偏亂導歸正。

身心性命合為道，先助其身後治心，不治心何入性命，三家相聚兩諦交。

醫道同源道中醫，百脈歸和身之原，五德無愧心之元，三寶皈一性命圓。

大化玄宗歸無極，無無參透極品蓮。

何謂「大」？宇內有四大，道大、天大、地大、人亦大。天地有成住壞空，人有生老病死。生命過程的四種變化叫「大化」。「玄」的解釋非常多，用在不同的地方有不同的解讀。學佛的說：佛法的深奧意旨叫「玄宗」，學道的說：道的深不可測叫「眇眇玄宗」。故曰「玄宗道也」。《道德經》：「玄之又玄，眾妙之門」說出了大道的顯隱無人能識也無人能解。它有存在的事實但又不知從何而生。有悠久的淵源卻找不出起始之根本。雖有出處但又不見來蹤。有具體的存在卻又沒有固定的所在。有顯隱但無法探知顯隱的途徑。道經稱之為「玄」或稱「天門」。萬物即是由天門來去。《道德經》：「知其白，守其黑，為天下式。為天下式常德不忒，復歸於無極。」不執著於黑白陰陽、是非善惡，儒家曰中庸，道家曰無為，佛家曰色不異空。一隻狗有四隻腳，能跳會跑叫做自然，被人用狗鍊拴住牽著走叫做人為。在「大化」

的過程如能學會不以人欲私心去毀滅天性這些道理，終究會反樸歸真。即是歸於無極，歸於道。「無無參透極品蓮」，第一個「無」解為「沒有」，第二個「無」解為「不是」。呂真人在取經的過程中曾經直講：《道醫經》乃九品金蓮，亦即「極品蓮」。

綜合解讀：《道醫經》的開經偈裡，開宗明義說明修行者在「大化」的過程中先了解生命的來去，目的在於回歸自然。但沒有任何人不是先參透《道醫經》的義理而證道的。

百脈歸根涵動靜，動乃陽始陰為靜。胎津血液滫百體，百丰一逝體何存，調和五行歸安泰，安土敦仁泰祉臨。

「陰陽」兩氣為造化世間萬物之根，看似無形，卻是孤陰不生，獨陽不長。如此日夜運轉，生生不息。「動靜」為制約萬物剛柔之用，如汽車的油門與煞車。陰陽與動靜的相互制約，而推動人體百脈氣血之循行。氣為血之帥，氣行血行，氣停血滯。當生命的周期結束沒有了肉身，則寄存於肉體的先天炁便回歸自然。然後應緣再生。佛家曰「輪迴」，道家曰「轉世」，閩南語曰「過身」。欲調和五行平衡必先「開發」潛能，次為「疏導」五臟之氣。五臟六腑諧調則任督兩脈自然安泰。五行之「土」在人體屬脾胃，為後天之本，掌管了肌肉與活力。有了健康的體魄，還要培養敦厚仁慈之心。偈曰：「心平氣和做凡人，仁德宅居滿庭芳」。佛家曰「身智光明，身心清淨，百病不生」，即是經文中的「泰祉臨」。

轉入紫微勤守護，護國安民守維鈞，水火兩宮生萬象，萬物生化象歸空。

紫微乃指人之自性元神，將前言「泰祉臨」以念力轉入元神守護不使退轉，時而守護身心，如守護一國之安定。《李時珍攝心論》：「心亂百病生，心靜百病息。靜能生慧，病者立癒，愚者頓悟」。「水火」指人之「氣血」，在天地為「陰陽」，萬物由此而生。萬物眼見雖說「有」，但並無「自性本體」。因緣聚而「生」，緣盡則「滅」，一切皆是「相似相續相」。

《金剛經》：「一切有為法，如夢幻泡影，如露亦如電，應作如是觀」。故萬物歷經生化的過程後，一切俱不存在，曰「象歸空」。

形固質剛傳妙法，妙行歸本法圓通，透出大千千萬理，萬重關隔理潛浮。三六洞天無餘蘊，閒餘好把蘊推尋，大地河山堪遍佈，遍行海內佈恩波。

有形有質方能為用，故妙法者必含「體、相、用」。「體」為自性本體，能醒眾生一切迷障。「相」為物像，能發萬丈光明照見五蘊皆空。「用」為應用，適者用之以感應為用；讀書千遍，其義自現。意指修行要一門深入，方能體悟「體、相、用」之玄妙。付諸於行，日久妙理自明，法自圓通。三千大千世界本是一。萬事萬物同一理體，本無分別。道家稱神仙居住人間的三十六處名山洞府為三六洞天，凡人無從考證。從現代科學「物質和反物質」生命質能的高下，有三十六空間維次，可說是萬重關隔。人為一小宇宙，在人心的分別、執著、妄想所形成的空間維次就無可計量了。修行者只有放下萬緣，內心清靜，五蘊皆空，方能理清萬重關隔之蘊積。心能定靜則經絡中之氣血暢行無阻，體內數十兆個細胞皆「雨露均霑」。

大千宇內民生眾，無不可登於仁壽，耆老康壯十無二，夭折疾苦居八九。大道不明於天下，欲明先醫載道軀，仰符天地心疾祛，性光回春大夢醒。

《上古天真論》：「上古之人，其知道者，法於陰陽，和於術數，食飲有節，起居有常，不妄作勞，故能形與神俱，而盡終其天年，度百歲乃去。」；而今之人，飲食無節，日夜顛倒，飽食不動，唯知享樂，玩物喪志，導致年少便三高纏身，耗散真元，未老先衰，遑論「登於仁壽」也！養心偈：「成真妙意本無多，一葉輕舟可渡河。看破世上迷眼相，放下妄念心疾無」。心神不安為私念擾之也，心雖為方寸之地卻無所不含，乃先天「自性」之棲息處。心正神寧，三毒六欲不得亂吾方寸，則天理流行，大夢覺醒性光回春。

血脈伏根病變遷，五行悖亂兩氣錯，內邪起擾使之然，外欲誘之自作為。先天三陽後三陰，操行百骸之根蔕，醫其戾者使之和，引其偏亂導歸正。

五臟之病變引發陰陽失衡，其根在血液。因此有病到了醫院先驗血找出病因，這是有形之病。大多數皆是「病從口入」。無形造成的病則在人心。善知識曰：萬法唯心。《難經》：五邪由外至。①中風②傷暑③飲食勞倦④傷寒⑤中濕，繼而引發內部①憂愁思慮傷心②形寒飲冷傷肺③恚怒氣逆，上而不下則傷肝④飲食勞倦則傷脾⑤久坐濕地，強力入水則傷腎。《道德經》：「五色令人目盲；五音令人耳聾；五味令人口爽；馳騁畋獵令人心發狂」。由以上引證便知「內邪與外欲」是密不可分的。先天三陽為「精、氣、神」，是無形之「炁」。後天三陰為「血、肉、骨」，為有形之「物」。此兩者健全與否？決定人的一生。《道德經》：「天之道，其猶張弓與！ 高者抑之，下者舉之；有餘者損之，不足者補之」。在道醫則是「虛者補之，實者瀉之」，使五行歸正，而臻陰陽兩氣「致中和」。

身心性命合為道，先助其身後治心，不治心何入性命，三家相聚兩諦交。

「身」為人之肉身，「心」是識田，有分別念之第八識。「性命」乃先天「自性」，父母未生前之本來面目。意即先天一「炁」。「炁是體」，「心是用」，「性為心之體」，「心為性之用」。請看左圖：

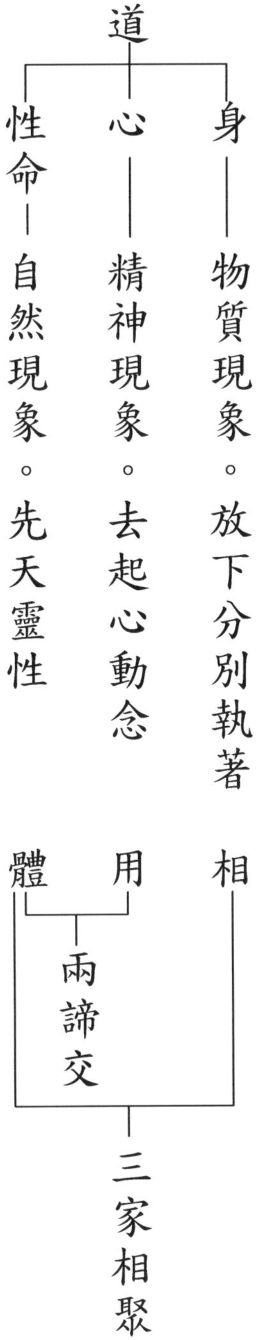

老子曰：「吾有大患，因吾有其身」。故修行人要學會放下短暫存在的物質現象。進而守護自性本體，修除起心動念。六祖惠能大師曰：「無心者通」，指的即是這個精神現象的「心」。這必須經由勤修、長時薰習，培養清靜心去體悟。莊子曰：「道之為物，無迎無送，無毀無成」的真義。假以時日必能了解修行以身心平衡為先，最終便透徹「三家相聚兩諦交」即是回歸於「道」的自然現象。

醫道同源道中醫。

道家數千年傳承中的最大特色，反映在人體醫學上。以道家思想「陰陽五行、易經八卦」為指導原則，「經穴生剋、精氣神」的理論構成了人體生理學說。長期間的共濟共存應用於人體醫療，形成了「道以醫顯，醫從道行」的一體關係。黃帝被尊為道家之祖，與岐伯問對探討人體臟腑經絡，研究病因及其療法，創造了「經穴」之基礎。經後人漸次研究增加而成為現今之《黃帝內經》。由此可知黃帝亦是「醫家之祖」。即經文「醫道同源道中醫」之意。

百脈歸和身之原，五德無愧心之元，三寶皈一性命圓。

「百脈歸和身之原」。偈曰：「正本固元貴防治，起居有時勤練氣，飲食有節五味均，治之未艾健延年」。此為預防重於治療也。人之嬰兒期身心健未受紅塵汙染，百脈本是調和。老子曰：「如嬰兒之未孩」。及至成孩成人受三毒六欲所誘，元神漸不守舍，氣血便受滯，百脈失衡，百病叢生。故人需要修行，如前文「先助其身後治心」，先求身健，此為身篇之總結句。

「五德無愧心之元」。元即道，道即心。內文「印心無礙五教一」，五教即五德，在釋即五戒「殺、盜、淫、妄、酒」，在道為「金、水、木、火、土」，在儒為「仁、義、禮、智、信」。五德乃教導修行之入門良方。

《感應篇》曰：「禍福無門，惟人自召」。深信因果，行為無愧於天地，時而自省。於人事物「得之不喜，失之不憂，心平氣和，怡養天年」。日久「心」自歸元矣！

「三寶皈一性命圓」。《玉皇心印妙經》：「上藥三品，神與氣精」，精氣神即三寶，三寶合一即自性圓滿，回歸自然。呂真人曰：「世人以假視為真，何得長生三品經，天機本無啥稀奇，靈丹只是精氣神」。行者身在紅塵，只要認清先天三陽「精氣神」三寶為「真」，真者不生不滅；後天三陰「血肉骨」為「假」，假者轉眼即逝。深深體會《心篇》「真元不殺物自盡，心無其心真永固」。實踐「貞誠底定成於恆」，則「三寶皈一性命圓」指日可待也！

身篇

一 炁

洪濛未判炁混元，太極初分五行位。陰陽貫乎萬象生，水火運於兩大間。

洪濛未判即尚未有天地之前，沒有萬物，也沒有太極。在人而言即是父母未生前的本來面目，只是一點靈炁，混混沌沌，冥然寂然。雖無天地之形，萬物之體，然而存天地之理。道曰無極，釋曰實相。偈曰：「本來無一物，何處有眾生，無中生至有，至有奠乾坤，香雲隨時篆，瑞氣不時生」。

眾生者即是「動物、植物、礦物」等一切有形體之物。在洪濛未判之初都不存在，由無極生太極而產出了「乾坤陰陽」，陰陽兩氣剛柔相互激盪。先天之水與後天之火互用產出「五行」，五行運化則生出了萬物。

天氣輕盈恆流轉，地氣重凝固安貞。人秉三才之末者，身俱百脈三關臕。

天氣指的是「先天之炁」。此炁自開天闢地以來恆常存在。經曰：不生不滅、不增不減。從未停止它對萬物的運化。在古典中名「藴炁」，從文字上可察覺先天炁為「無火」之輕「炁」，後天氣為「米穀」之「氣」。「炁」者輕盈活潑即人之神靈，無微不入，可穿牆過壁。偈曰：「神能入石，神能飛形，入水不溺，入火不焚」。故天氣屬陽屬動，地氣則屬陰屬靜。柔而下凝，重疊下聚，穩固安定。文中「貞」為正之意也。天地之間「人」雖為萬物之靈，卻居「天、地、人」三才之末。「精、氣、神」三焦俱足。上焦為神，中焦為氣，下焦為精。萬物雖有其生命，然其結構與質卻不盡相同。植物、礦物有精氣而無神。動物中如魚、蝦、豬、狗雖俱「精、氣、神」，但其清濁與人相去甚遠。覺者曰：「貪、嗔、癡」。三毒中的「癡」即是指人以外之動物神靈「愚痴迷昧」。人身難得，故應多親近善知識使神靈清靜提升。

上符於天下則地，天有晷度周天數，人之脈竅同其源，地有山河流起伏，人之脈血合其妙。

天地為一大世界，人為小世界。天在上，地在下，人在中。人體內之水火運化與天地無異。陽火在心在上，陰水在腎在下。天陽之火下照，地陰之水受熱而上蒸，在上空遇冷結成水分子（雲），當水滴或冰晶之重量大於空氣之浮力或遇熱氣流時，便下降為雨或雹。人體之「心火」與「腎水」其運化上蒸至頭部成津液。後由頭部下散至四肢百骸成「天地交泰」。故人體內與天地間之水火運化相符。天道運行、四時更替、日夜轉換有其恆常之規律。人有任督二脈、六陰經與六陽經合為十二經。地有十二月令與十二時辰;天一年為三百六十五日,人體有三百六十五主穴以應一周天。大地河山高低起伏,時而止蓄流通。若用內視鏡觀看人體內之臟腑及血液體液之現象,不也和山川水流沒有不同嗎?故曰:「合其妙」。

三百六十脈貫通,八萬四千炁氣從,同源異用人分三。

三百六十乃指人體周身之骨節,人體要健康必須所有骨關節的氣脈節節貫通,若有阻滯則成了「通則不痛,痛則不通」之現象。八萬四千是指全身毛孔竅。先天「炁」與後天「氣」在人體內交互用事而產生物化。比如人在運動時之氣行脈動,循著「經、脈、絡」透過毛孔發汗,即是物化的顯現。

老子曰：「天地與我同根，萬物與我一體」，這是從先天根本上來講的，如前文「上符於天下則地」。但先天大道無情故不自生，而人落入後天則受「識神」的牽動產生了「貪、嗔、癡」等妄心。既有妄心即驚其神，神動則五氣五臟變異生出疾病。文中「同源」是指「先天一炁，造化之源」，「分三」則是指多數之意。

內景和諧災不成，元真耗散百病生，醫士習古而未化，脈氣未清誤人深。

師曰：「明醫治未病，庸醫治已病」。內景者即為人之上焦、中焦、下焦所涵蓋的五臟六腑。日常注意飲食、生活規律、合宜之運動。對人事物莫要過度思慮與執著，氣脈循行順暢，則下焦不枯精自足，中焦不滯氣自順，上焦無礙神自旺。

真元長固不使耗散，百病自然不生。身為醫者應深諳上、中、下三焦即為精氣神之所駐。惜今之醫者多是頭疼醫頭、腳疼醫腳，只見病兆，不見病根，對於人體之脈氣缺少了解。錯用藥者比比皆是，誤人生命者亦時有所聞。只能說：「眾生無助吧」！

北坎命根腎源頭，活五黃而通九紫，南離神室心神寧，宰白壁而守青松。

對照導讀概說八卦圖，北坎指方位在北，卦象為坎☵，五行屬陰水，五臟為腎。腎為先天之本，孕乎陽水，為一切生命之源頭，生化萬物之根，故名腎源頭。五黃指人之脾胃，五行屬土，數列第五位，方位居中，土色黃。土需水之滋潤、火之溫活，方能生物。先天水中寓有真火，水火合潤暖乎脾胃謂之活五黃。九紫為南離之火，火色赤而與北坎之黑水相映而成紫，曰通九紫。南離在五臟為心，五行屬火，方位在南，卦象為離☲，神靈之居處，神若不寧，心火必烈，火烈久之則水涸，水涸便不能活乎金，致人之金氣阻滯不化，百病叢生。故離火必須神寧金氣方順。宰白壁指心火主宰了肺金，心火盛則致腎水乾漏。肺金無水則燥，多痰乾咳或在大腸金則成便秘。青松指人之肝。肝方位在東、色青、五行屬木，因先天腎水乾涸無以灌溉肝木。肝氣枯亦成胃腸之病變。故知心火烈直接影響了五臟六腑及三焦。

其動有如星宿移，其生亦若長虹奕，十二辰動數有常，上中下關行不滯，天垂之象人如斯，上中下宮命本源，心靜審炁恍然見。

前文「天有晷度周天數，人之脈竅同其源」即是指人體之氣血脈動運化和天地相應合。「動」指血液、體液流動有如星辰在天地間的軌道中運行，周行不止、生生不息，精氣充盈，神采燦爛。從人之五官氣色就可見，如天際之長虹奕奕。老祖先以十二時辰為一日，十二乃地支之數，日日按此周行。而人體之氣血在經脈中循行，亦按十二正經周行一回為一日，與天地應合。故言「天是大天人小天」。人若能悟此真常，起居作息有時，本分過日，心無罣礙，體內上中下三焦暢行無滯，病痛自然減少。人之下宮藏精為「腎」，乃先天之本。中宮藏氣為「脾」，乃後天之本，負有運化周身血脈之功能。上宮藏神即「心」，主宰精氣之運行。此三宮實為生命之根本，缺一不可。人若能靜心修練，以「切脈審氣」之功，即可探知臟腑之氣化，是「寒、燥、逆、滯、閉、濁」等。依所審得之結果方能對症下藥。

土釜溫潤物可化，金鐘實破肺中情，火得水燕飛上下，水得火鵝行往來，藏魂宮安木不動，載意垣穩弦難張。

請對照「概說八卦」圖（見圖版頁三）。五行土在中，色黃屬脾胃，釜者胃也、鍋也。因釜與胃功能皆是以煮熟食物為主，故曰「土釜」。但必須下有火加「溫」，上有水滋「潤」，方可將食物熟化。故知水火乃生化萬物之根本。五行肺屬金，肺形似鐘，故曰「金鐘」。鐘實即肺氣燥塞而成瘖瘂，鐘破即肺氣寒濕而涕流嗽喘，此乃以鐘喻肺之病情。俗曰「孤陰不生，獨陽不長」，陰陽即「水火」，水火者在人之五臟即「心腎」。心火得腎水之調和，方能自在如天空群鳥飛翔，否則便胸悶灼熱，四肢乏力。人體內水份佔百分之七十以上，滋潤每個細胞，水若凝滯則百病叢生。故腎水必得心火之溫潤方能運化。試想天寒地凍之冰河如何行舟？必得陽光真火，冰融方能船行無阻，如鵝之自在。肝乃藏魂之處，故曰藏魂宮。肝五行屬木，方位在東，色青。安木者即肝經之氣血平和安定。人之神魂不定，皆為情欲所傷，久之則肝血失調，不足以滋養臟腑所需。一者肝木無以生心火而造成心臟不適，再者肝木氣浮而剋脾胃，造成消化及排泄皆受阻，故知「安木不動」之重要。何是「載意垣」？即是中宮之脾胃也。人之意志發於中土，「垣」為古時房舍之外牆或城牆。「載意垣穩」意指人之脾胃穩健如牆，則在內能載意而生肺氣，外能剋坎水之泛。恰如城牆堅實，城外之敵萬弦亦無以為功。閩南語曰「樹頭站乎哉，毋驚樹尾作風颱」。

五氣不繼無常臨，氣之暴脫辨聲色，四時興衰憑三指，心領神會心指養。

前文即是談五臟之營氣，若五臟六腑之氣不濟，則血液亦無法滋養調和內外之汗液分泌。外在之「衛氣」循行受阻，常見之症狀即是水腫現象，實是內氣之不繼。故道醫調理以調和五臟之脈氣為根本。氣之暴脫指突發性之「是動病」，非源於臟氣之「所生病」，如外浸之寒氣或中暑、中毒等。從脈氣中不易察覺，此情可依「望聞問」行之。望其色，聞其聲，問其由，若在無脈可循之情況下，則可以「聲色」代之也！一年四季，人之脈氣雖依外在變化有所差異，然「切脈」乃以三指究其端倪。實際並非只憑三指之感觸而知脈氣，而是醫者之「心領神會」。發於心而感應於指也。故知心指互通並重，「陰陽動靜訣」為醫者之不可廢也！

炁測寒燥辨邪濁，寒來火往春不生，滯駐腫濁秋肅敗，未極氣驅寒邪毒，生真火和利不害，已極沓塞流清源，釜底抽薪標本並。

炁者先天本能，人皆有之。以先天「炁」去感測病者後天之「氣」是寒？燥？邪？濁？知病爾後治病，方能對症下「篜」。先決條件是要開啟自身本能「炁」。如何開啟？前文所言之「心領神會心指養」即是。俗曰：「百病因寒而生」，「寒來火往」指外在之風寒入侵，造成體內真火消耗，陰陽失調，氣血循行阻滯，濁氣毒素充滿體內。這種情況的病人，即使在萬物欣欣向榮的春天也不易治好。若到了秋天肅殺之氣降臨的季節就更惡化。若患者元氣未極虛弱，則將體內寒濁邪毒排出，再開發調和陰陽兩氣即可，此乃相生。若體弱氣虛者，則以相剋治之。比如腎元消耗不止，先以脾胃剋之，所謂「土剋水」，再排去體內寒濁，即文中「塞流清源」之意。如此方是治標又治本，釜底抽薪之術也！

純陰本相難速生，純陽宜守氣固脈。

此兩句言人之陰陽，兩脈發自內景而形之於外。若陰脈過盛大於陽者，謂之「純陰」。道醫曰「體寒」。然而內寒卻外燥，如冰箱之內冷外熱，物極必反之理。在調理上只要將體內之「寒」排出，內外自然調和。若陽脈過旺大於陰脈時，謂之「純陽」，通稱為「體熱」。此病症熱由內發，常見之狀即「胸悶、心悸、秘結、胃食道逆流」。調理之法為先降心火，後補腎水，水火調和則症狀自然消失。

江中竹筏究其端，池底蓮藕探其疾，猛虎下山知攻法，微羊宿草間宜威，蔥裡氣虛石不空，絡不流通五行積。

此章節乃以物形容人之脈象。竹筏喻脈浮氣虛，蓮藕喻脈沉氣滯，猛虎喻脈洪體熱，微羊喻脈微氣弱，蔥喻氣虛，石喻氣實。「切脈」是一門深奧的功夫，先知脈理，經長時薰習方能細辨脈象。與前文所言「心領神會心指養」異曲同功也！依經脈學，人體有十二正經、奇經八脈、十五絡脈。「絡」即是連絡、串聯各經脈，暢通陰陽平衡，促進整體氣血循行正常。絡脈若阻滯不通，便直接影響了五行五臟的代謝，造成種種病變。至於脈理脈象之細究，在此難盡其書。意者可查看「脈理醫理學」、「脈理求真」等論述。

三陰氣劫微中容，三陽遇敵重而急，如魚戲波五氣散，觀鳥啄木三關滅。

此處之「三陰、三陽」乃指人體之陰氣盛於陽或陽盛陰衰之意。若陰盛則免疫力弱，容易受外在病邪入侵，加以體內本就潛伏未發之疾，便成了內神通外鬼，病痛便不易治好。陽盛則成了過猶不及，陰陽失衡，若遇外邪則容易反應過度造成亢進。正如車胎充氣過度，車行就會顛簸不定。池中之魚躍上水面是因水中缺氧，為了吸取空氣求活命，如人之死亡前之迴光返照，五臟氣逆顛倒，時而清醒，時而昏迷。若在春季則「土先崩」，夏則「金先衰」，秋則「木先枯」，冬則「火先滅」，接著便見「水泛」。故臨終之人多見水腫。啄木鳥啄木的過程是有一下沒一下，沒有規律，這在形容人之脈象極亂。若從病人的心電圖就可明顯看見忽高忽低，波長不一，心律極其不整。等到成為一條直線，醫生便宣告死亡。心臟為人體之上關，上關滅了，中、下兩關自然也無能運化。如同一個三足鼎，斷了一足，鼎便倒下了。綜合以上兩句，乃是借「魚戲波，鳥啄木」來形容人體的「心肺」功能衰竭。

似眞似假炁望聞，內寒外熱假火生，𦡀不中竅實非吉，脈寒氣虛更違和。

「真者」即是病發自臟腑，時日甚久，「所生病」之意。「假者」即病由外侵之突發性者，「是動病」之意。另一種「似真似假」極難細辨之症，「因果病」即是，此病多由「心」發。欲究其真假或心病，先觀其氣及眼神，再聽其自述病由以做參考，後再測其「氣」，如此才能避免錯判而延誤病情。

「內寒」即人體受外在風邪入侵，如感冒。「外熱」即體溫上升，此即假火，恰如一台冰箱。此等情景只須依經脈調理法，行開發、疏導、調和之術即可痊癒。「𦡀」從字體結構是「自家水」，人身內分泌之體流液即是。身外治病之草藥曰「藥」，身內本有之藥曰「㯋」。道醫即是以經穴生剋補洩為手段，善用人體之本能「㯋」。虛寒者補其母，實熱者洩其子，對症下「㯋」，氣血調和，自然無違和之慮。

其至如賓五臟固，其去似客六腑和，音重非虛神可癒，七竅氣滯難回春。

體內之氣運行有節度，五行相生不悖，脈象平和穩順。六腑之氣與五臟之氣相向循行，往來之間不疾不徐，平順不偏，和而不戾。見於體外則是神清氣爽，恰如「賓至如歸，客主皆歡」之景象。音聲低沉沙啞，此症不依脈象，亦知肺之氣滯。其一為「是動病」，其二為脾弱，土無以生金，其三為心火旺「火逼金破」。此症補其腎水可治。七竅乃指頭部「眼二、耳二、鼻二、口一」七個孔竅。《靈樞經》:「五臟常內閱於七竅也」。故「肺通鼻，心通舌，肝通目，脾通口，腎通耳」。若五臟氣血失調，則七竅必氣滯，即使神醫亦束手矣！

舌氣沉硬陰海虧，語亂神恍絳宮障。

前文言及「心通舌」，心亦是神明之區。舌氣滯結造成舌頭僵硬不靈活，言語不清。再嚴重者即精神恍惚，語無倫次，雖言「心通舌」，實是腎水不足，陰海虧欠，心火過旺，水火不濟所造成。可取手陽明經「偏歷」治之。「絳」為赤色，心臟五行屬火，故文中「絳宮」即指「心臟」。

聲揚音實闢元固，假火木剋土破金，五行內景五氣見。

「闢元」乃神之祖竅，「氣海」為氣之宗室。此兩穴是「神與氣」發源之鄉，音聲之根源，即下丹田。丹田氣足聲音必定宏亮。木能生火，假火乃指肝木氣瘀不和，生假火而剋了土，土受木剋則無以生金，肺金氣虛音聲何能揚？聲揚與否往往皆因肝之假火而起，故由內臟五氣可見病由。作息與飲食為最。

黃氣流行中宮色，烏雲罩頂坎宮隰，青面震位木宮盛，色白兌金血不生，色赤面熱南離火。

此節乃言觀外在氣色而知內五行五臟之變化，如前文「五行內景五氣見」。體表膚色泛黃者，便知脾胃之病變，非虛即實。脾胃屬土，土乃黃色；烏雲即言面色黑暗之象，便知為腎水泛之病變。腎五行屬水，坎水色黑；臉部發青即知肝火過盛，起於七情之動搖，因肝五行屬木，震木色青；面色蒼白即知肺氣失調不生血，肺五行屬金，兌金色白；臉部紅熱為心火過旺，心五行屬火，離火色赤；此為單獨判別五臟病變之法。亦有因生剋而牽累相關臟腑者，可見下文。

色黃夾青木氣凌，黃中見黑中宮燋，赤入黃者瓦釜炙，白入黃裡中宮寒。

脾胃位居中宮，向四方發散，五行屬土，土色黃，曰「中土」，故此節以論述脾胃為軸。若膚色黃中帶青，則是肝木虛火盛，成了木剋土；黃中帶黑則為腎水涸，土失水之潤，成了土燋燥；黃中帶赤即心火過旺，成了胃液逆上；若黃中泛白即為肺寒入胃，胃寒則成了腸胃不適，在調理上以驅寒為首要。以上為「望、聞、問、切」四診中之「望」診，望氣色也，此乃能見之徵兆。欲探病根則於下文再究。

炁察兩旁了於指，究其三驛知强弱。氣沖上下驚弓鳥，勿因其檄忽其根，擒賊擒首正本源，除惡務盡免後患。

兩旁者，虛實也。三驛者即上中下三焦。先察虛實，再測三焦上中下何宮強弱失衡？依知病爾後治病之原則，方得事半功倍。首要者仍是前文曾言「心領神會心指養」。開發醫者自身之「炁」以測病者之「氣」。若未達者，可尋肺經之「列缺」依「凸為實，凹為虛」以察究。《晉書・王鑒傳》曰：「驥武之眾易動，驚弓之鳥難安」，意指心亂百病生，如受傷之鳥，聞弓弦之聲即驚惶失措。此等上下無常之脈象，應尋其病根而治之。若只見樹不見林，便成了「頭痛醫頭，腳痛醫腳」之弊。故斬草務必先除根，方能正本清源。亦即「治病治本，本治則標治」矣！

離火脈傷灌林木，坎水涸缺鋪金路，兌金氣缺黃庭培，震木黃落黑虎黍，中堂氣陋速補苴。

此節為五臟五行相生之簡述。離卦居南，五行屬火，即人之心臟。心脈受病應取肝木以助之，木生火也；坎卦五行屬水，即人之腎臟，腎脈缺水，則取肺金以治之，金生水也；兌卦五行屬金，人之肺臟，肺脈氣缺，可取脾土以培之，土生金也；震卦五行屬木，即人之肝臟，肝木葉黃落，應取腎水以灌之，水生木也；脾胃五行屬土，位居中，曰黃庭，脾土受病，則應以心火助之，苴為可生火之物，火生土也。此節僅言五行相生，未言相剋，五行生剋本不分，後文將有詳述。

正本固元貴防治，朝饔夕餐五味均，治之未艾邦安寧。

預防重於治療。人之一生五穀雜糧無所不食，若要常保嬰孩時清淨無汙染的身體，就必須深悟「病從口入」。一日三餐飲食注重營養均衡不偏食，故「黃白紅綠黑」之五色蔬果，「蛋白質、脂肪、維生素、碳水化合物」缺一不可。此即「飲食有節五味均，治之未艾健延年」。

醫未之病在機先，逐既之災法指下，四時八節合天機，溯其鎮司同地道。

《黃帝內經》上醫治未病。未病者即是病根伏於臟腑，尚未見病徵。唯有「曉陰陽，知氣化」之醫者方能掌握此機先。若病症已見者，則當按知病與治病之「法」治之。「法」乃心法，運乎無形。「指」乃指法，施之有形。

師曰：「無形須從有形起，有形尚須無形遮」，有無相應之意。「春夏秋冬」四時，「立春、立夏、立秋、立冬、春分、夏至、秋分、冬至」八節即天道之化機。合天機乃指人體與自然界天地、四時、八節之運化相應合。在天地為東南西北各鎮一方，在人則五行五臟、水道穀道各司其職，人與天地無異也！

星辰晷度人脈竅，山嶽川流形臟腑，理深義奧無窮盡，虛心靜觀現靈悟。

天地間之星辰晷度、山嶽川流，與人體之脈竅臟腑無一不同，前文曾詳解。此處非贅文也，乃因其中義理深奧無窮盡，恐行者未能盡領其妙，故於篇章之末覆論詳申以啟後學。《清靜經》曰：「內觀其心，心無其心」即是虛心靜觀。苟能持恆勤修「三學」，體天地好生之德，放下「我執」，假以時日必可通達矣！

余今之言非吾始，發理簡賅無强猜，精益求精類旁通，智愚復研聖胎傳。

真人曰：篇章所言，祂非始作俑者，乃是立於承先啟後之角色。內容不作生澀難解之文詞，而以言簡意賅敘述，免後學猜疑。子曰：「治玉石者，既琢之而復磨之，治之已精，而益求其精也」。能知者，則一理通萬理皆通也。俗曰：勤能補拙，讀書千遍，其義自現，無論「智、愚」。只要下功夫，聖賢可達。

醫道共明同仁壽，至道同源萬教通，普濟挽劫天德佈，流傳於世曰人卷。

師曰：萬教本皆一理，萬物本是一體，大道至簡，本來如此。道生陰陽，陰陽生萬物。故醫人醫萬物，醫有形渡無形，皆是以調和陰陽歸於平和，回歸於道。以有形而行之，以無為而化之。秉承「無緣大慈，同體大悲」之願力，普濟眾生，知行合一，以身作則，人手一卷，世世流傳，則同登彼岸矣！

身篇

二　症

易象包羅天與地，不外休徵與咎徵，調理人身陰與陽，焉測有病或無病。

「易」者「日月、陰陽」即「道」也。道生天地長萬物，萬物「生老病死、生住異滅、成住壞空」，難免有「吉凶福禍」，即「休徵與咎徵」。人身疾病亦不外乎易象之變異。故陰勝於陽，陽勝於陰，皆為咎休之徵。醫者知病爾後治病，依脈經「虛者補其母，實者瀉其子」之法調理之。

俯察仰觀兩間變，寒來暑往四序遷，奇正相生祥殃異，狂風迅雷氣不平。

仰觀天文俯察地理，四季變遷，雨多為澇，無雨成旱。寒來暑往，陰陽之「屈伸消長」為四時推遷之常。於人身則「陰升陽降，陽升陰降」，兩間之動靜與天地變化之機，往復之度無異。世間人事物，罕見之謂「奇」，常見謂「正」。萬物之相生剋起於陰陽兩氣失調，而有祥殃之差異。人之疾病亦生於兩氣之不和。然往往同病者，其吉凶卻迴異。狂風迅雷乃指天象之變化，皆因陰陽兩氣相剝不平而生，與人體之病亦同。

川竭山崩靈失守，人秉其氣以成形，脈絡違和癘氣浸，偏勝乖戾萬般症，執簡衡繁五原委。

山川為後天之物，靈乃先天之炁。先天靈陽亢而不下濟，致川流竭盡，土無水以依持，山自崩矣。人身受之於父精母血與先天真炁而成形，後天之「血肉骨」形同川流山岳。故曰：天為大天人小天。體內「經脈絡」循行滯凝則免疫力下降，易受外邪入侵，百病叢生，繁者並發之症也。病徵雖繁，然必先知其病因。如胃不適，是胃自發之症或受「心、肝、脾、肺、腎」之牽累？或為陰陽兩氣失調？或為五臟生剋所成？務必細心交替求證，得知病根以免誤人延醫。

陽陰五行生剋妙，順逆八卦賅其全，乾元渾統察鎮慜，首出高居驗內景。

偈曰：「陰陽測知補與瀉，五行生剋療疾病，八卦相應定君臣」。此即「醫從道行」，補不足，瀉有餘，生其虛，剋其實，乾坤相應，水火濟濟之施「騄」法門，其妙無比。「首」者頭也，在人身之高處，為氣脈之總匯。

中有「百會穴」即百脈交會處。「乾元」在卦象中為「天陽」，至高至尊之位，亦即人之頭部。故臟腑病變氣滯，便經由神經系統反應於頭部各相關部位。

中男搆覺耳不聞，少女蒙塵掩鼻過，雙目闔闢統諸經。一口吐茹庶無上，炁察界明何宮異，炁源互証行歸一。

神農脈經：腎開竅於耳。按概說八卦（附圖二，見書前圖版頁三），「坎卦．腎」第②為中男，第⑤為耳。故知腎氣積弱則聽覺下降；「兌卦．肺」第②為少女，肺開竅於鼻，故鼻病過敏等症實乃肺之使然。俗曰：「雙目為靈魂之窗」，喜怒哀樂皆反應於眼，雙目開合之際亦可求證臟腑之咎休。人類發明了「虹膜健診儀」，從眼球的各種變化去判辨臟腑之疾病。亦有「虹膜辨識」透過眼球進行安檢等項目。望口中之「舌苔」亦可辨別臟腑虛實和清濁寒熱。舌尖屬心為上焦，舌根屬腎為下焦，舌中屬脾胃肺為中焦，兩旁屬肝膽。行者可查閱《黃帝內經》有詳解。以上種種察症之法不能以偏概全，必須由「測氣・脈行・經外奇穴」相互印證為一致，方可定症，應慎行之。

一卦變則原始終，數爻動推其本末，孰偽孰眞辨虛實，一以貫之無不明。

古聖設卦在於觀象，卦象之變代表萬物變易。曾子：「物有本末，事有終始，知所先後，則近道矣」。一卦有三爻，卦象之變起於爻先變，故知牽一髮而動全身。於人體如坎水腎病變，症或見於耳、或目、或口。然腎水生變有自生者，亦有因五行生剋而牽累，如肺金不生水，脾土剋水等，皆是常見之因。若「數爻動推」則造成「病症與病根」混淆不清，真假難辨。醫者可依「生剋乘侮」四象細心推求，方得始終。

庚辛氣合生機暢，兌金權衡子卯功，赤龍平林生諸疾，㫖井玄璨白帝災，山不生輝白圭玷，土難奠固白石崩。

庚辛指肺與大腸，方位在西，五行屬金，兌卦。庚金即大腸，屬陽主生；辛金即肺，屬陰主殺。庚辛金必須調合，臟腑方能正常運作。即金能生水（子），亦不剋木（卯）。兌金主宰了水木兩宮，腎水不乾涸，肝木能生血，仍是權衡於庚辛之氣合，反之則諸疾皆生。白帝指肺金，肺與大腸陰陽失衡，則金不能生水，腎水乾涸，先天玄璨失去滋潤，則為腎虛寒之症，亦起因於白帝。「白圭・白石」皆比喻為人之氣。「山・土」指脾胃也。人體病變首生之於氣，氣行血行，故氣若滯礙，則脾胃之氣亦結而不下行，造成消化不良等各種疾病。

金車大益水穀利，驛舍迎來憑金節，握樞機和燮五行，失守悖害疾環生，端緒莫昧溯根源。

此節承上文，仍講述「肺」之重要性。「金車．金節」皆在指肺氣之運化，水穀為大小解兩道。驛舍指經脈絡上之各穴位。肺主氣，故為「氣多少血」之臟器。肺氣循行正常，血液方能通達五臟六腑，迎來送往順暢無礙。《醫經》：「寅時生人」。寅時氣由肺出，掌握好肺氣之平衡，則五臟五行才得以燮理，五行生剋即是此理。端緒莫昧指「端」為能見之病症，即外在之「果」。「緒」為病根，即內在之「因」。病根與病症切勿本末倒置，方能對症下藥。醫者當參考「望聞問切」，自能由「果」而溯「因」。

離火安和天下治，南藩撲滅境土殃，君王失端鬼夜交，刺客神京毒寰中，少年老叟心物欲，朝嘯夕瞑狂火毒，以火引火焚萬山，積薪毀薪身垂危，惡流入宮命旦夕，毒氣沖竅喪英靈，旨歸當究合無疑，妙手回春十有九。

此節乃論述心臟，方位居南，卦象離，五行屬火。文中「離火・南藩・君主・神京」皆指心臟。安和即是心氣平和，無過亦無不及，心火於常態運化中自能獨握萬化之綱領，為整體健康之源頭。反之則五行五臟悖亂，如心氣弱或心火過旺，常見之症為心律不整、心神不安。心臟不是獨立之器官，乃是先天元神所寄之處，能產生意識，有形與無形相結合。經曰：「心物一元，萬法唯心」即此意。文中「境土」乃指周身而言。心若失端則妄想隨生，受心魔牽引而驚動元神，夜有邪夢。此心鬼非外來，乃起於自心失端之故，久之即成百病報到，未老先衰，終生受苦，神醫亦束手，唯有調心正念方得救。偈曰：「天下本無萬靈丹，求健亦需心念助，若然只求身外法，事倍功半到頭空」。尚有因七情六欲所困，造成心中假火終日横行，牽動元陽。若燒及上焦則成肝魂不安，多夢失眠，咳嗽氣喘。燒及中焦則脾胃受損，食欲不振，消化不良。燒及下焦則腎水乾涸，小解赤黃，便秘便血。此假火積久則成內毒竄流至各臟腑，即文中「惡流入宮」，免疫力漸失。若加上外毒、細菌感染、食物藥物中毒等內外夾擊，不只是有形之器官受害，病入膏肓，無形的心靈亦喪盡，便命在旦夕了。師曰：「天地間惟人最靈，亦惟人最多病，此即心之累也。故醫者以自身之靈炁究人之病，方得旨歸」。前文曾言以「炁」測病者之「氣」，合則吸，不合則排，此本能也，人皆有之。六祖曰：「何其自性？本自具足」。醫者於長時實踐中累積心得自有所悟。加以「望聞問切」，應其陽壽未至，則妙手可回春矣！

震位青宮巽淑配，資益無方貞恆象，七情搖久破散金，四德悖違剗淨土。修竹引風嫌過茂，古松蔽日患終凋。怯如閨媛林失鹿，洸似武士藪鳴鴻。伐木去惡量輕重，培材宜培佳植固。勿使枯柴生烈火，仍防冷炭遇寒冰。炁應症竅求符節，生剋乘侮行妙策。

此節乃論述肝膽，五行屬木，色青。肝卦象震，巽為膽。文中「林木・松竹・枯柴・冷炭」皆指肝膽而言。在八卦圖中之人倫，震為長男，巽為長女，兩者淑配即肝膽相照、陰陽調和之意。肝膽兩氣清和榮暢，氣脈中的血方能流貫全身。魂安於肝，則不致「血虧、血燥、血逆、血崩」之症。凡人皆有「喜、怒、哀、樂、愛、惡、欲」之情根，應知節制，否則多情必生煩惱妄想，造成肝氣瘀積，虛火上升，傷了肺金與脾土。修竹指肝火過旺需瀉之，反之體虛寒者應補之，方不致如古松之凋萎。肝若不藏魂，則肝中之膽氣亦滯，常見之症如「畏風雨寒熱、畏鬼神」。此怯症皆因魂不定之故。另有一種狂惑之症，如武士知進不知退，或喜怒無常，此即肝中虛火積久致膽生變，魂亂衝亂突，鬱火成怒，更甚者木無以生「心火」，故此症應「心、肝」並治。《道經》曰：「補不足，瀉有餘」。肝中之惡毒需除之，排毒素之同時應恰到好處，不可因去毒而傷及肝之木氣。先瀉後補乃道醫調理之根本，故毒素散盡仍應以「腎水」補之。培其真陽，則魂安血和，即文中「佳植固」之意。肝火過烈血則虧，血虧之人遍體皆熱、喉痛舌燥、失眠便結。肝中真陽失則如無火之冷炭，若遇中宮「脾胃」寒滯，更是雪上加霜、沉痾難治。孫真人曰：「經穴之妙，妙在活用」。醫者必深諳「生、尅、乘、侮」四治，補瀉之先後，方是對症下藥之妙策。

眞流入坎生物源，暴客問津渡筏沉。大淵龍鬥巨浪翻，波無日照
深谷冷。金不生水溝泉涸，崑崙火燃首掘井。園林日灌勿罷梁，
雞鳴穀道破土瀉。耗冱失攝首此關，鴉宿陰晦天庭燥，崩殘衰涸
亦斯闕，未寒先慄病何來。眞飢假飽首作殃，神能明則同條貫，
原始反終道則高。

此節乃論述腎臟。卦象為坎，五行屬水，文中「坎、津、淵、波、井」皆指腎宮。真流即先天真炁寄坎宮，運化於常，腎水充沛以滋生各臟腑。若腎水缺則火旺，而成水火失調乾涸之狀，即無以供應全身所需，元氣失盡如渡筏之沉沒。「水不在深，有龍則靈」，「龍」即指腎宮中先天真火，此真火本是安固，盈滿無虧。若坎水涸則牽動真火，腎元便日漸耗損成各種疾症。如：頭昏目眩、腰腿痠軟、手足冰冷等，渾身不適，即文中翻巨浪之意。更甚者，腎宮虛寒，若不及時補以真元使水火濟濟，男則精冷，女則宮寒影響

生育。另有因肺金氣弱無以生腎水，致腎宮泉涸、渾身發熱，此多因感冒風寒引起。此症首瀉體內寒氣，開水源與退熱並治。腎宮虛寒亦能影響「大腸經」，每於清晨即瀉肚。酉時氣行腎宮，因坎水涸，則不足以上行，成頭部發燒，周而復始，此皆陰海衰敗所生之狂火。又有未至冬季即時時身畏寒者，亦有食慾不振、消化不良，皆因腎宮之真元不足也。前所言各症雖為腎宮引發，然依五行生剋推論，補瀉本互為因果。醫道高深非只醫術之精通，除「理通」外，尚需醫者自身「神明」。業醫者潛心學習，長時累積心得，由淺入深，漸入細微，體悟「有始有終是道理，無始無終是妙理」，持恆者必能融匯貫通「萬法歸一」之道，此即「神．明」矣！故子曰：「吾道一以貫之」即是此意！

艮山坤地中宮治，朝饔夕飧來去成，長掉偶停去如來，中原不樂孰飽饑，泥垣客水濕四方。地室狂火燒五位，運轉百貨馭衆司，山虞藉能遂厚生，反奸還復當內省，水衡賴土以壯志，退弱原由失扶持，萬物可興惡亦作，五行無土累靡窮，萬川得土鎮宇流，應其變故補削治，安平廣生略大化。

此節乃論述脾胃。五行屬土，方位居中。「艮坤」兩卦在自然界為「山地」。文中「中宮、中原、泥垣、地室」等皆指脾胃。「胃」為消化食物之腑。「脾」則是運化已消化之臟。胃消化日中所食之物，再由脾將能量運化至人體各部位，同時亦將廢物運至腸道排出體外。故知「脾胃」掌管了整體運化生育之樞機。即文中「來去成」之意。「長掉」是常態，指脾胃不停在執行「來去成」之功能。「偶停」是病態，指脾胃的運化阻滯，無法將食物正常「消化、吸收、排瀉」，把吃進來的和排出去的幾乎一樣。即文中的

「去如來」，與前文的「來去成」恰恰相反。「中原不樂」指脾胃受病，有過食或欠食者，有因寒濕而導致食物淤積、消化不良、不知飽飢者。若再受外在風邪入侵，則成裡外夾攻，寒濕流向各臟腑；相反的因多食辛燥或胃氣本滯，痰多久積生熱，而成狂火。常見之症狀如：口臭、胸悶、頭疼、體熱、胃食道逆流等。應治之法首瀉其胃火，再調以腎水即可癒。

由上文得知脾胃「不寒濕、不燥熱」方能將消化完成之養份輸送並滋潤各臟腑。人之脾胃如自然界之土，土瘦則木衰，土崩木必傾，土燥木將落，土濕則木朽。故中土無滯方能滋養群生；五行雖為木剋土，然木無土亦不能榮暢；土本是剋水，卻有承載之功。如水壩四周之土堤若不堅實，則無以蓄水，此「剋」非傷害，乃是自然平衡之功能。在人而言，脾土若退弱，則腎水便泛而流失。反之土若無水扶持，中宮必弱。故知「土乃水之貴人，水則為土之恩人」。俗曰：「水能載舟，亦能覆舟」。脾胃雖主收納消化及輸送養份精微至全身，助長機能與活力，若脾胃氣血失衡，則各臟腑諸災並作。

如：土不生金，肺之呼吸即受影響；土不侮木，肝便不生血；土不剋水，則腎水泛而涸；土不乘火，心火必過旺，即文中「可興惡亦作」之意。五臟本是各統其職，分鎮各方，環環相扣。然其生生不息之根乃始之於中土，地表諸多川流得以匯聚流入大海，亦為土之鎮收而成。在人體而言，肌肉即是土，大小肌約六百條，肌肉間的「體流液」循行此中，分秒無差錯，亦依土之鎮司也！脾胃之病變不外乎「寒、濕、燥、熱、虛、實、滯、閉、逆、濁」。依「開發、疏導、調和」之方，日常飲食有節。行「滯者暢、閉者通、逆者順、濁者清」之術。致中土安樂平順，諸脈調和，生生運轉於周身。即文中「安平廣生昭大化」之意！

坤艮同宮統大成，權操生死暢其機，震統巽木而藏納，木宮妙令掌榮枯，坎潤下功宜火治，離溫中本無水炎，兌苟失位氣安求，官司互變乾招非，或於外來之劫奪，或由內發而牽連，無不包羅於易象，即可著見於周身，觸類明察而見定，潛心體理標本治，語求統宗不泛涉，勿患矜高請進益，人思集益可靜觀。

（一）坤艮同宮意指同為中宮，五行土也，前文「五行無土累靡窮」。中宮土為五行萬物之根，故首要治土。「土治」草木得以生長，反之則為無根之木。「土治」水方得收納，反之則為泛濫之水。「土治」金得所藏，反之則為亢露之金。「土治」火得所歸，反之則為狂燒野火。故得土則生，失土則亡。人之生死實權操於此宮。

（二）震統巽木意指肝大膽小，膽在肝旁，肝膽相照，藏魂納血，人之魂才得以安，血方得以和。若魂與血不得安和，肝得病之人從外表所見即為「枯槁之形」。肝膽藏納者，外表容光煥發，此即木掌榮枯之意。

（三）坎為水，離為火。前文「火得水燕飛上下，水得火鵝行往來」言水火即心腎。火生土則中宮受煖，方能生化。然火性烈，若無水調和，中宮則成燋土，故知「水火」濟濟之妙用。

（四）兌卦五行屬金，在人為肺。肺金氣燥則音聲破，肺寒則氣滯，此皆「失位」之意。應治之法「以土培之」、「以火剋之」或「以水潤之」。當究其根，以免誤人。

（五）「乾」指頭部。從脈經學得知，人體臟腑各器官所司若有病變，則將經由神經系統傳達至頭部。反應於頭之症，如：暈眩、頭痛等，實非頭部病變，乃受臟腑所牽累也。

總結以上各宮病由，「外來與內發」即前文曾言「是動病與所生病」之意。無論外來或內發，首見者即陰陽失調，繼而五行悖亂。五行臟腑若有一宮受病，即牽動其餘各宮。內發之病久之便延伸於體表。如：癢、瘦、痛、麻、木，皆為此因。故知各臟腑之病變有自發，亦有受之於它宮者，不一而定。醫者當勤習多做，累積經驗，自能融會「病理與醫理」之妙義，觸類旁通，日久自能明察病因。「標與本」實互為因果，人體之病變錯綜複雜，業醫者應學有定見，非數言可解，可查閱「景岳全書．十問篇」。然莫犯「故步自封，貢高我慢」，除深究「陰陽、五行、經穴」，尚要了解「人體解剖、食物營養及特性」等。「象天法地，調和科學」，請益先知，不斷學習成長，方臻「精益求精」之道。

身篇

三 ⿱⿰自家水

動植飛潛藥繁生，水火陰陽妙丹⿱⿰自家水，五氣清濁形色味，九星變時地性情，⿱⿰自家水合君臣何本草，事關人命勿輕投，讀盡方書未窺本，殷勤濟世發玄微，疾固多門貴端安，⿱⿰自家水求妙法尤巧制，味若輕清急倍蓰，品如重濁過見災。善走易多耗本眞，太和則易生惡積，升降應需交相用，通塞亦間準類施。

本節論述「藥與⿱⿰自家水」。「藥」乃身外之藥物，如動物、植物、礦物，天上飛的、水裡潛的，多到不勝枚舉。雖是身外之物，然而皆為天地所育，秉天地之氣，故皆可入藥。「豫」則為身內之水火陰陽，即氣血是也！從字面的結構「自家水」，便知是體內「血液與體流液」。經由「調身、調心」促使氣血兩相諧調，而達「自醫與自癒」的目的，故曰：「妙丹豫」，身外之「藥」實為配合之助力。人食五穀，五臟五行之氣血自然有「清濁」之變異。有現於形、於色、於味者，各不相同。「九星」乃指天上九顆星之名，取其象以投藥。

（一）貪狼星指投藥大膽。

（二）巨門星指通氣脈之藥。

（三）祿存星指溫和養生之藥。

（四）文曲星指柔性之藥。

（五）廉貞星指用藥猛烈。

（六）武曲星指剛烈而不燥之藥。

（七）破軍星指攻擊性強之藥。

（八）左輔。

（九）右弼指輔佐之藥。若讀遍藥理，醫理卻不知活用，不知「君臣佐使、順逆生剋、成化」之理，輕率投藥，則易誤人生命。

故曰：「醫可為而不可為，必天資敏悟，讀萬卷書，而後可借醫術以濟世，不然鮮有不殺人者。是以藥為餌為刀刃也」。人體之疾病何其多？從頭至腳，由內到外，同樣之病症，病因卻不盡相同，必須細心察究，無論用「藥或⿱身豕」都要守其分寸。若見功效不如預期，則隨機應變，因人制宜、因病制宜，不可執於一法，即為妙用。以「中草藥」為例：在使用上必須了解「病理、藥理、藥性」三方面之相合。若藥性較弱可增其量，反之則減量。若藥性烈者，投藥過猛反受其害。亦有藥性「黏濁柔懦」者，服用過多則造成氣滯。若病因氣滯者，則應用提振氣血循環及除積降氣之方配合使用，免犯「過猶不及」之錯誤！

除災除盜攻守衡，調臮調兵先後度，剛柔進退氣有節，春夏相生和大造，秋冬交濟氣合化，性秉中五貫八方，關膈有三融一氣，生乎河洛妙屈伸，眞訣無多憑領悟，泉涸自中求潤下，陰柔不濟助上行，獨投無佐功難著，汲水救焚伐盛木，引泉灌樹提金鋤，澤沛而土可滋生，佐以煖中陽剛用。

俗曰：冰凍三尺非一日之寒，人體之病變亦然。初期病症輕微無所察覺，待深入時即明顯感到不適。治病如同剷除盜賊，侵入體內之寒濁則攻之使出。營衛兩氣則宜固守，以增強免疫力。調理氣血如調兵遣將，剛柔補瀉有節，進退有據。氣於四時運化「春生、夏長、秋收、冬藏」。春夏木火相生，萬物欣欣向榮。秋冬金水相生，萬物得以養精蓄銳，儲備能量以待來春。五行土居中（見概說八卦圖，圖版頁三），文中「性秉」乃喻屬土性之藥「溫和醇厚」，無論對陰病、陽病都可達到溫厚鎮靜之功效。由中向外統合五臟五行，貫通八卦，涵蓋了萬事萬物，即文中「氣合化，和大造」之意。三關即三焦，人體本秉於一氣，然在醫理分為上、中、下三部，即前文言「中五」，中關為主宰。上或下關受病必牽累中關，故中土安治，五臟三焦方能融為一氣，生生不息。「順逆．生剋」之藥皆可相輔相成。「生剋補瀉」本是相互制約，看似矛盾，卻是「妙」不可言。師曰：「萬法可修，心法難悟」。修法乃是求取學問知識之手段，不可執於法，唯有「學貴在行」方為究竟。生老病死乃是生命之變化，有生即有死，唯「老病」則首發於腎元退弱乾涸。因年長氣血衰退或因病變而受損，此自然現象非單以經穴調理可竟其功，當取身外之「藥」以滋益之，藥者不外乎「滋陰生陽」之類。然而藥類繁多，藥性也因人而異，投藥差錯則得其反。故業醫者當深究「知病、治病、藥理、藥性」方不誤人。渾身發熱之病症，一般皆調合「水火」為主。文中說明肝火太盛，故必須先瀉肝火再補以腎水。而肝木火盛與脾胃土燥亦有關。土燥固須補之以水，以達中宮土不燥不濕。在投藥之同時仍不可忽略「煖土」之方也！

風襲邪濁乘虛至，濟以露垂扶正息，池漏開源尤待塞。澮通納來並施導。以火烹水水不溫，取水寒金金不燥，狂澤汎濫亂中原，北坎雖枯勿雲雨。寒流凝蔽聚天室，東旱勿輕挈揚波，欲佐天一水之生，且興地四金之力。溺海無源上游渡，轂門如刺下隰施，逆亂輕重求主帥，戰功寬緊定卒徒。

人無千日好，花無百日紅。人日食五穀雜糧，外受四時冷暖變遷，致五行悖亂、內邪起擾，何能無病痛？能安享天年而登仁壽者稀已！此篇章即論述病症與應治之法。人體元氣虛弱，百病來襲，體虛者以扶元補正之藥物調養；陰海池漏皆因陰海氣虛、腎水漏洩，首要調和水火，腎弱補之，腎冷則煖之，除開源尚須塞流，方為根治之道；膀胱水滯應疏通之，因體燥火盛者，則瀉之使暢。若因「癃閉」引起濕熱蘊結者，則忌燥熱之食物。年長體虛者則補腎以助膀胱。肝鬱血瘀者則疏肝。若因「前列腺」腫塞者，則應尋外科刮除，非藥物可解。「以火烹水水不溫」，其因不止兩腎冷弱，乃是兩腎中之「真陽穴」衰敗。此穴由督脈之「命門穴」與膀胱經之「腎俞穴．白環俞（玉環俞）」交會處即是。此處為一身陽氣之源頭，與一切疾病皆具關連。《玉清金華篇》：「心下腎上，脾左肝右，生門在前，密戶在後，其連如環，其白如綿，方圓徑寸，包裹一身之精粹，此即玉環也」。若此真陽已衰，光憑有形之「藥」難竟其功，必與無象之「糓」合用之，方得調治。無象真陽由「減少思慮、降低欲望、飲食有節、起居有時」而漸培之。合此兩者實為「存無守有」而矣！肺金燥者，取陰海之水降溫去燥。醫者必諳：日咳心中火，痰黃而黏，則去燥熱。夜咳肺中寒，痰白且稀，則驅寒去濕。「狂澤汎濫亂中原」指體內濕氣極重，傷及中土脾胃，脾濕則氣化受滯，濕氣流注遍體。若病體同時患陰海乾涸，暫勿滋益以水，必先將狂澤盡除，方可補陰海，否則恰得其反。人受風邪入侵，寒氣多聚於肺金，隨氣行致周身冰冷。對治首要以先天「炁」驅寒，後天「藥」為輔。肺金治，則脾土、心火、肝木、腎水四宮自得其助力。比如肝木乾旱本應生之以水，若體寒未除，則所灌之水為後天「寒水」，反受其害。故必以先天「炁」排寒，再補以「𩪌」。此先天與後天不可混淆。「溺海與穀門」指「膀胱與直腸口」。文中所言「穀門刺」者，非針刺也，乃是體內「火盛則痛，濕熱則癢」之意。故尿少或火盛濕熱，皆先取上游肺金生腎水，再以腎水生之，此為五行雙生之用。道醫調理及「藥」物調養皆同。文中「逆亂」即是「相剋」之意。五行相剋有「自臟虛」及「它臟盛」之分，首要「知病」，次為用「藥」。如前文言「病理、藥理、君臣佐使」不可輕忽。調理疾病之成效，有如戰場之戰功與成敗取決於主帥。孫子曰：「兵無常勢，水無常形」。如何定奪以奏其功？下文分解。

佐使奪權難邦效，斬饒非法最害良，去雜歸純一箭功，由常達變三陰振，火德至剛晦明濟，烈性可回既倒瀾，水泛土崩炎光灼，金寒木朽待煖臨。氣本上騰揚即舉，力非下降墜而沉，雷電濟和則不殺，矛盾入迷而徒勞。氣若幽蘭防笑刀，味同嚼蠟勿輕忽，一曝何足擋十寒，半星又燎萬頃原。

佐使奪權指在藥方中「佐使」之藥大於「君臣」。主藥失去了本位，故難見其效。法雖無定法，然原則不可變。用「藥或⿰身彖」如調兵遣將，若主帥與將士本末倒置，非但無助於病情，恐反受其害。「常」者常法，「變」者變法。法應隨症而變，若知常不知變，則往往為法所困。「法」當不可雜，亦有一藥治一病者，唯不可常。五行金得「火」則範，水得「火」則溫，土得「火」則堅，木得「火」則固。火主化，萬物不可無火，故一切虛寒之症於藥方中皆不可缺。然不可忽略火有強弱之分，火性之藥物亦然。五行土本是剋水，土若崩壞，水無所止蓄則泛。應治之方，先洩餘水再借「火」生土以求堅固。肺寒與肝弱皆因體寒所致，首要注意寒性食物避之。除借「藥」以驅寒生暖，更取「𧽘」之真陽，方能治本恆久。火性之藥品氣本上騰，而在醫方中仍需「佐使」之物以增其效。如火得風以助勢，然過盛亦成害，故應調和水火即為剛柔之法。尤其藥性剛烈如雷電者，用於重病時更需注意，必佐以藥性溫和之物，免傷及真元。至於合用或分用？醫者隨機應變之。若使用不當反成矛盾，徒勞無功也！文中「不殺」即無傷害之意。另有火性剛烈之藥品，其氣香如幽蘭，入口嚼之淡薄無味，如笑裡藏刀，故用藥不可魯莽躁進。百病因寒而起，若寒積甚久者，非一日之暖陽可解之。日常忌食冰冷食物，勿因微寒而掉以輕心，否則便成「小洞不補，大洞更苦」。此即「半星又燎萬頃原」之意。

獻日煖送寒金鐘，須引溫泉共相滌，燒薪仍冷釜無煖，實貴古穴中含光。明暗既覺兼有分，疾涂亦宜濟相配，大敗之治尋良將，甫平之際葺衛營。疑難相生不離法，經權不易可調停，依類以推無殊節，得門而入晉平衡。

肺寒皆因陰海失其真陽，故首要以火溫其腎水，水溫則肺自暖。若以火溫金，恐得一時之效，腎水不溫，肺終不暖。此即「病理、醫理、藥理」應用之法。釜即煮物之鍋，土釜冷則食物無以熟化。五行相生本是心火生脾胃土，若釜仍冷時，則因「古穴」之真火未生，古穴者即是前文言「命門、腎俞、白環俞」相連之「玉環」也！故道醫調理以此處及「八髎」行開發之術。文中說明「有形與無形」應曉先後相濟配之法。莫犯「癆瘵以蔘苓」之弊。重病者應尋「明醫」治之。先「調和」五行，「疏導」瘀積，「開發」真陽。待病症平復後再施予調養培補之方，即文中「葺衛營」之意。俗曰：

「縱橫不出方圓，萬變不離其宗」。故道醫調理，毋論施「鍼與藥」，皆不離道法「陰陽、五行、生剋、補瀉、八卦、君臣佐使」之範疇。依此類推謂之常法「經」也。「權」者為變法，如孫真人之「阿是穴」，華陀之「背脊穴」等。常法與變法相配合用，在於行者一心。醫者持恆體會，久之法門必能融通，隨意可得矣！

木含精英氣秉東，材分貴賤同林長，樹上無發須甘泉，逐竹惡缺攜古杖。撲林之火何伐木，除樹惡根當砍樹，風狂葉落蔬木止，土瘦枝枯培中盛。水雖可生泛則朽，金縱能剋調自安，欲尊帝室建青宮，要定幽都勿眷蒼。林鬼為臣過害主，木公作帥重殃民，無乖走守調致和，常計盈虛巧不悖。運心妙法施各當。審炁酌機精窮源。

此節乃論述肝木。言明治肝之藥材必秉東木之精氣方能見效。藥材何有貴賤之分？諸多藥材外觀相似而藥性差異極大，源於產地緯度及海拔不同、氣候不同，亦有因取得不易而成「稀為貴」者，不勝枚舉。故醫者必備知病之能，詳究「貴、賤」皆含東木之精氣，非以價格決定「貴賤」及其功效，乃是以「對症」下藥為王道，往往賤者亦立其功矣！肝木血衰，眾皆知應尋秉木精之藥材補之，然無陰海腎水生之，肝經之（合水母穴・曲泉）補之則難竟其功。若肝氣惡積日久，則先瀉後補之，或取藥性剛烈之物，方能見效。即文中「攜古杖」之意。若因七情而致肝生假火者，則不以前文「補瀉」治之，首要遏止七情，不使肝氣動搖而生「假火」。再配以「涼血退熱」之物，免生「便秘、失眠」之症，再以經穴「疏導、調和」。取「肝子穴・行間」、「心子穴・神門」同瀉其火，尤勝於身外之藥也。

俗曰：「樹大招風滿地葉」，平時尚好，若遇狂風則現此景。樹大即指肝木過盛而生風，風狂便推動心火成身熱面赤，心神不寧。在樹應修剪其枝葉，在肝則多用「疏肝」之物，即可收「疏木止風」之效。肝木無土不能生長，樹倒根先枯，此乃至理，然其根本在於中宮之土先衰。故在人應施以健脾培胃之物，在樹則肥其土，方得「土肥木茂」之功。過猶不及人皆知，水能生木乃五行相生自然之理，倘水泛，則木受濕太過，初時落葉，久之則根朽矣！若因水泛不循常道，則由「腎經．湧泉」瀉之。若因土弱無以止蓄，則行壯中土之功，以致中和。肺金剋肝木於五行相剋中乃常態，但若肺受風邪，致哮喘咳嗽而生「假火」，過度相剋肝火便夜不成眠。調理以排去肺中之寒濕，可取「肺經合水穴．尺澤及太淵．魚際」可癒。「帝室」即指人之心，「青宮」指肝木。人之心氣衰敗，便無力統攝各臟腑，致夜寐不寧、心悸胸悶、便秘、食欲不振等。於五行相生中，當以「肝木生心火」。文中「建青宮」即是把肝養好，才有能力助「心」神明健壯。肝如何養？前文已詳論矣！「幽都」指人之陰海，人之心火不過盛，腎水無漏走，水火兩宮平衡即謂之「定幽都」，反之「肝木」日久必受累。若陰海乾涸，則不可強肝，反使腎水愈缺，即文中「勿眷蒼」之意。「林鬼、木公」皆指肝，於藥方中「君、臣、佐、使」各司其職，若「臣」之份量大於「君」則成「喧賓奪主」之勢，反生危害。如：心火盛者，不可強肝木，木盛易生風火，應以脾土瀉火、培木，並調和水火，方不殃及各臟腑，即文中「殃民」之意。「走守」為「補瀉」之意，無論於「藥方、經穴」，其理一也。虛者補其母，然不可過，過則「燥」；實者瀉其子，亦不可過，過則「弱」。「走守」兼顧，使陰陽兩氣平衡致中和。若於調理中能掌握好「剛柔順逆」，醫者久之自能體察「補瀉」乃同時運行。至於其「先後」則須取決於當下之症而施之。文中「審炁酌機」即言醫者存乎於一心。故先天「炁」之開發與培養，當耐苦參究，非一蹴可及，此乃為「明醫」之首要。

金為兌位帝之神，奉養當稽妙品物。疏達貴叶通權謀，粘濁則墜失明潔，物氣猱雜難遐舉，開鐘之聲扣兩端。續金之氣水土扶，破垣易傷白衣女，宜用顧瞻功為上，驅逐外寇首安内。歪倒可扶水土並，滲消永固兼舉火，益之使强還使運，導之以活更以和。隨水下流仿春雷，因風上壅殘花涂，補金之破手宜輕，抉白之實功貴力。濁流泛濫調庚辛，赤澤蔽凝合坤兌，明大法兼別輕重，同功異曲悉迎隨。偏師制勝不可常，碩果僅存路皆通，理之使暢陽照地，耗而難充身安和。

此節乃論述肺金。肺五行屬金，為兌卦，白帝之神也。肺臟主宰人後天氣之呼吸，故曰：人爭一口氣。欲將此氣分秒不停循行順暢，首先究明天地運轉，長存其氣，常盈不散，乃是從虛無中呼吸。天乃大天人小天，人能體天地呼吸運行之理，即知何為無中生至有，否則「理不明，法不立」。若因先天氣弱或老年氣虛，便可取有形之藥以養肺，唯其效可暫不可久，故應細水長流培氣。亦按乎症之虛實、寒熱，活用不刻板方為上策。肺臟本是「通明至潔」，若染雜物則氣管黏濁，氣行無以疏達，片刻難忍。如：因受風寒而「咳嗽、生痰、喉痛、哮喘」等。欲治其疾，必依五行補瀉。「兩端」者即以「肺金」前端，「脾土」生之；復以後端，「腎水」瀉之。亦即前文曾言「補瀉」同時運行之妙諦。「破垣」指脾胃功能失常，故中土盛方足以生肺金（白衣女）。調理五臟應知「瞻前顧後」為上工，用河洛話：「樹頭站乎栽，毋驚樹尾做風颱」這句諺語來形容「驅逐外寇首安內」十分貼切。「安內」即土中之樹頭，「外寇」則為外侵之風邪。當知不可缺者尚有堅實之土，充分之水及陽光。此乃以樹喻人之肺欲健壯，必依脾土、腎水及心火方能化弱為強。然強中不失周流運化，陰陽兩氣無偏勝，則氣行和暢，百骸常安。反之則肺氣下陷如水向下流。此症多因脾土破敗，失其安鎮之功能。若用身外藥，必用升騰之物補肺氣，兼以健脾胃之物，方可收春雷初發之效。

肺臟易受外邪寒濁侵襲，尤以寒濕為最。故曰：百病因寒濕而起。風寒一旦壅於上焦，便生感冒、氣喘諸疾，夜咳不止，影響生活。除用有形之藥外，以「道醫」經穴排寒濕之法為上，無後遺症。當醫者補以陽氣之同時，首見患者手足冰冷，繼而冒冷汗流涕。嚴重者汗經手腳指端滴出，一如凋謝之花瓣徐徐落地。此法雖安全、快速、有效，然不可不知醫者之「能」源自於持恆之修練與心態。人體絡道不通暢，體內之「體流液」去路即受阻，久滯成「濕」，溢遍周身，謂之「濁流氾濫」。此症多因庚辛之「金氣」不治，應調之使「滯者暢」，氣暢水自通矣！氣領血行，倘因氣滯導致血液循行不良而產生「血積」，皮表能見為過敏，久之則成「瘡」，體內未能見者為「腫瘤」，即文中「赤澤蔽凝」之意。「大法」者為「生剋乘侮、補瀉」之活用。欲治「血積」，必以「坤土」瀉「心火」，同時補「兌金」。次以「兌金」瀉「坤土」，同時生「癸水」。「癸水」盛方足以解血液中之「毒素」，以達「濁者清」之目的。「偏師」即經穴以外之治法，需知輕重偶行之，唯不可常且為「主帥」，經穴仍是有形「輔臣」，「炁」方為無形之「主君」。故偈曰：「隨而濟之是為補，迎而奪之則為瀉，要識迎隨明順逆，陰陽升降氣流注」。知善用此「大法」者，方可助人氣血「充實舒暢」，如豔陽普照。即使未及「上工」，亦列「明醫」矣！反之「氣不暢行」，血則耗且難充，陰陽兩氣失衡，人身安得無疾耶？

土鎮乎中宰六合，土性至厚統三元，水湧則流當止蓄，木強則瘦培肥土。晝長夜短振乎陰，月朗日陰益真火，覆簣忌埰溦疏剔，鑿垣防陷緩推移。莫道相剋不相生，使之貪生忘剋土，縱云能生未能剋，亦防受剋更難生。來去無情令意合，迎拒亂道求安泰，午馬南臨勿求木，酉雞不唱艮宅殃。赤龍放逸無歸宗，喚醒黃童攝管轄，白鳥渴飢巢失守，間將黃鵠妙拘聯。

此節乃論述中宮脾胃。「六合」指臟腑，「三元」指「元精、元氣、元神」。各宮之氣皆由中宮生出，中宮居「立極」之位，安鎮八方，牽制各宮之盛衰。天地間萬物皆生於土，亦回歸於土。故萬物無土則無所托。人體百脈亦寄於肌土。人之生死皆視乎土之成敗。體內之體流液橫行氾濫，皆因土氣衰而不運化。唯培盛中土，土盛則水濕自然消除。土弱多起因於木氣淩盛，成了「木剋土」，若以有形之「藥」物治療，必瀉肝火與補脾胃並行。若以無形之「𩪙」，首瀉肝火（行間），後補脾胃（解溪、足三里），能雙管齊下則效果顯著。文中「晝夜」喻陰陽虛實，陽盛則「振乎陰」，補「陰海」之水。陰盛則「益真火」，補「真陽」之火。於自然界之土欲施之以肥，必漸次行之，鑿鬆淤土，亦應緩緩推移，若操之過急則傷土，適得其反。在人之脾胃虛弱欲補之亦同，免犯「癆瘵者以蔘苓」之弊，應循「先治後養」之正法。前文曾言：五行「生、剋」本是「相互依持、彼此制約」，乃「一中和」也！若以文字解說恐顯複雜，今以圖解則一目了然（見五行生剋圖）。

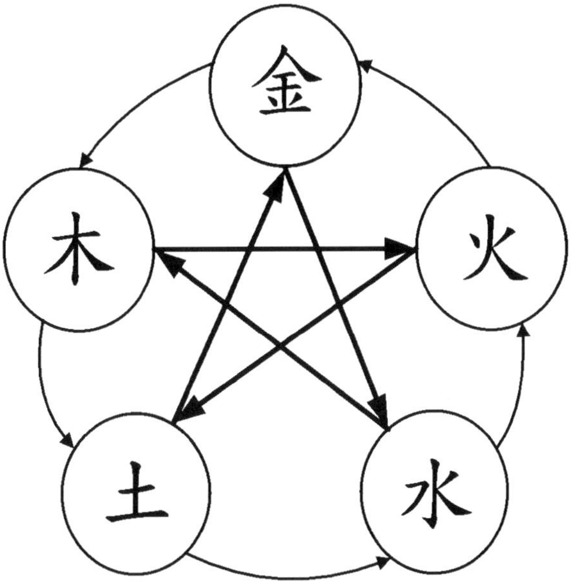

五行生剋圖

圖解：

（一）外環細線相剋。

（二）內環粗線相生。

（三）生剋乃是互為因果之並存關係。故知「生、剋」乃環環相扣，密不可分。以「木」為例，比如：「木」剋土，木又生火，火又去生土、土生金、金又去剋「木」。以此類推，五行無一不是矣！

胃乃臟腑第一關，一切食物首入於此。胃中「寒、燥、濕」所引發之症，如：無食欲、食滯、嘔吐、氣逆等，多為病從口入。除注意日常飲食，應以「逐寒、搜濕、潤燥」之劑對症治之，即得迎來送往、安泰無滯之脾胃。「午馬」指人之心臟而言，卦象離，方位居南，地支為午。人之心氣常運，真火不衰，則無需求肝木生之，免過猶不及。「酉雞」指肺金，「艮宅」指脾胃土，五行本是「土生金，金瀉土」。若肺金氣滯，則脾胃土氣運化之通路受阻。故曰：「艮宅殃」也。「赤龍」指人之血液，「黃童」指中宮之土。血液循行失序、血滯、血逆便造成瘡瘤諸疾。實因中宮之土衰未能統攝於血，故應求調氣、理血、扶陽之劑強化脾胃功能。「白鳥」指肺經。「黃鵠」指脾胃土。肺金氣虧聲弱．首用有形「發表、逐寒、調氣」之劑。次以經穴五行「土生金」，同時「土剋水」，「水瀉金」之拘聯，以達「生剋補瀉」之妙用也！

欲成大造化之功，致生剋廣生之妙，培元贊化經苦心，處險防危憑善策。自然矩度久化成，訣以口傳求心得，要而論之法分門，品原別類制堂正。水有吉凶凶化吉，火或和戾戾轉和，金則靈蠢去泥法，木則剛柔法相判。燥土潤土施有分，霸道王道法各勝，清濁正變常不悖，行符星辰氣盈虧。添減來去依實据，復理期歸⿱⿰自家水妙轉，方入玄奧神明主，擅濟人術自勉旃。

俗曰：花無百日紅，人無千日好。若想在大化的巨浪中維持健康，減少病痛，就應以經營事業般之苦心來投資自身。人體與天地同為：「一大造化」。五行之妙用由「中土」而生，又以中土為最終依歸。萬物五行生剋及制化過程，實是為萬物之生生不息，即文中「廣生之妙」。「培元」即「元精、元氣、元神」，三足鼎立。三元亦始於土而終於土。三元培則「命基固」。人自有生之後，三毒六欲日增，奸巧貪婪無度，口欲不節，致三元破敗，百病逐生，身心受累。故應守「慮險防危」，即為「大造化」之良策。能悟此「中土」生生之妙用，佐生育之功，即能體察「自然矩度」生生不息，日久自可化成之實。文字相或言傳口訣，只知其理，尚需行者依理「虛心求實」，累積心得，自可融滙貫通。即所謂：師父引進門，修行看個人是也！「品」者指身外之藥品，藥品亦按五行五臟之「性」而分門別類。因品種或產地、氣候、季節不同，藥性則差異甚大。再視患者體質寒熱等條件，用「藥」實屬不易，醫者應不斷充實經驗，並慎行之，非以名貴稀有之藥材為要，乃是「對症下藥」。故河洛語曰：「用乎對，草藥吃一葉；用不對，蔘仔吃一尺。」如此方得登堂入室之醫方。水能載舟亦能覆舟，火雖化物亦可助生，金可剋物亦為利器，木性雖柔亦含陽剛，土燥為陽，土潤則陰。以上為論述五行之用「藥」必諳藥性之「生剋補瀉」，霸道與王道之藥必得交濟互用，相輔相成，不可偏執一方。下文將以道醫九宮格「篆」之調理簡表，說明「氣與血、陰與陽、五行、五臟五腑」，陰病陽治，陽病陰治，陰陽調和，氣與血行互補之功能。

<table>
<tr><td>1</td><td>陰金</td><td>2</td><td>陰水</td><td>3</td><td>陰木</td></tr>
<tr><td colspan="2">肺臟</td><td colspan="2">腎臟</td><td colspan="2">肝臟</td></tr>
<tr><td colspan="2">氣多血少</td><td colspan="2">氣多血少</td><td colspan="2">血多氣少</td></tr>
<tr><td>4</td><td>陰火</td><td>5</td><td>陰土
（脾）</td><td>6</td><td>陽火</td></tr>
<tr><td colspan="2">心臟</td><td colspan="2">氣多血少</td><td colspan="2">小腸經</td></tr>
<tr><td colspan="2" rowspan="2">氣多血少</td><td colspan="2">氣血俱多</td><td colspan="2" rowspan="2">血多氣少</td></tr>
<tr><td>5</td><td>陽土
（胃）</td></tr>
<tr><td>7</td><td>陽木</td><td>8</td><td>陽水</td><td>9</td><td>陽金</td></tr>
<tr><td colspan="2">膽經</td><td colspan="2">膀胱經</td><td colspan="2">大腸經</td></tr>
<tr><td colspan="2">氣多血少</td><td colspan="2">血多氣少</td><td colspan="2">氣血俱多</td></tr>
</table>

臟與腑之調理簡表

（一）從1至5為陰五行之相生，在人體上方（臟在上），由上而下。

（二）從9至5為陽五行之相生，在人體下方（腑在下），由下而上。

（三）但陰陽相交在中土（脾胃），其數為5、5。

（四）五行陰陽總合為10。

行者腦海中必先建立此藍圖，臨場靈活應用。此亦即前文「大造化之功、生剋廣生之妙」之內涵。萬法不離其宗。清者上浮，濁者下沉，毋論何療法，正經調理或經外奇穴，迎而奪之或隨而濟之，均要符合自然法則，如「日月星辰」之運行，順逆生剋。按當時病體之盈虧而定奪。如此不悖，則兩氣之消長，自相應合，「篆」自轉矣！若用「藥」治，亦依實據因由添減藥量。一藥用而未如預期功效，則應去之，不可不察。經曰：「夫人神好清而心擾之，人心好靜而欲牽之」。行者應知減少欲望，則心漸靜、神漸清。元神清則明，方能體悟「相有體空」，一心神明默會，久之便可不取於相。期期自許「心無所住」，即文中「玄奧神明主」之意。能達者，即得「修己渡人」之無上法門！

偈曰：

道醫調理植善因　生剋乘侮術宜精

陽陰測炁詳知盡　五行補瀉療疾病

八卦相應定君臣　隨處伸手行方便

不論貧富請皆來　半積陰功半養生

心篇

一　天地心

浩浩穹蒼茫茫土，包含無外育糜窮，孰為主宰然依存，誰是綱維覺不墜。化工迭運古常新，弭悖害息自往來，常返靜虛動之體，觀布濩足見玄微。

何謂「天地心」？大道無形，生育天地。天地有形，道無形，心亦無形，故「即心，即道」。然無形之心，必寓於有形之「天地、萬物」。有形質方足以載乎無形，則道得以「顯」，此即「天地心」。天色蒼蒼，其大無邊，其象如穹。地域安貞，廣大而莫可量，謂之茫茫下土。天覆地載之物，包含日月星宿之運行，風火雷電之生滅，山川海洋之川流不息，水化雲雨之循環，五行生剋之生成，動植飛潛之死生等，皆各行其道，且又並育並行。彼此無悖害，無始無終，生生不息，鉅細靡遺無窮盡，看似萬物自為之，實乃無形之真心使然。故曰：「大道無情，運行日月」；經曰：「本來無一物，何處有眾生，無中生至有，至有奠乾坤，而生萬物」，故「有」生於「無」。四季之冷暖變遷，人之「善惡」念頭，誰為主宰？且永貞不墜，實乃「無形一炁」操行之。此「炁」亦稱之為「靈」。靈炁雖無形無相，卻是天地造化之機。若依「知者自悟，昧者難明」一詞，行者仍難免迷惑。然依物理解之則易於了解。譬如：兩塊「磁鐵」，同性相斥，異性相吸，此中所產生之「無形」能量，肉眼雖不能見，卻真實存在。佛曰：「真空妙有」即指此，亦即「天地心」也！太上曰：「人能常清靜，天地悉皆歸」。靜極而動，此動如體內氣血自然之流動，無所查覺，故「動與靜」並存。於日常能時時處於「靜虛」無為之境，則「靜」觀中可見「天地心」之真靈常存。即佛曰：「不生不滅」；道曰：「死而不亡者壽」；儒曰：「浩然之氣」。人若經由「修靜」內觀，便知「天地心」乃「玄而微妙」。太上曰：「常無欲以觀其妙，有欲以觀其徼」。意即人應去「妄念」方可得靜。靜中自可觀察萬物之本來面目，其生存及精微之妙理，反之僅能見其形體外表。此即文中的「見玄微」。

聲臭皆無妙機旋，質形常寂大用彰，實數窮推然陳犓，聰明臆說非真元。闔闢實互為其根，動靜則統歸於籥，生生殺殺自安排，始始終終儼如置。

太上曰：「大音希聲，大象無形」。「道」無聲無味，緣合則「顯」，緣散則「隱」。以無為之心養育生化萬物，本體寂然常守，卻主宰天體之動靜，物換星移之運行；聰明之士知「數術」，可推陳「星辰軌度」、「四季變遷」

之差異，人之「吉凶」等，此皆為天地之顯象，非天地心爾。偈曰：「術為助道，道本天君，君道不濟，術必無依」。「術」可以為外用，乃小道而非至道。至道者「天地心．真元」也！聰明者執於「術」，智者知「天地心」，故知「聰明」非「智慧」！「闔」為「陰．靜」，「闢」為「陽．動」。陰氣為收斂萬物以能成化，陰極則轉陽。陽氣主發舒乎萬物致生機暢然，陽極則轉陰。見太極圖中之陰中有陽，陽中有陰，相互轉換，即一目了然，實互為其根。太上云：「天地猶之橐籥」。人與天地無異，皆在於「動靜」。行者應知去「無明」，方能回歸自然之「動靜」，即合於天地造化。未達者，皆因沉於慾海，故至道不明；「生生殺殺」於物象觀之，周而復始，肉眼難見其因，似有無形之安排，然實屬物之自召。太上云：「禍福無門，惟人自召」。韓特云：「地球有兩個世界，一個是『疆界』與『戒律』可以衡量的世界；一個是我們的『心』與『想像力』可以感受的世界」。其意同也！

道無為而無不為，化不一而歸至一，道求散殊萬物理，道尋源本天地心。妙在領悟心獲機，奧待推演心明通。

太上云：「道常無為而無不為」。「無為」乃是順其自然，不妄為。「無不為」即隨心所欲，不逾矩。因其「無為・無執」故流露無窮妙用，此即道之真常。「一」者真常也！「不一者」即「一本散萬殊」。無不為，故生萬有。然萬物其生有時，生滅過程不一，質量不一，天地變幻亦不一。由「一」而生，當生命週期結束，終究回歸於「一本」。即經曰：「萬殊歸一本」。此乃天地不變之至理。

子曰：喜怒哀樂之未發謂之「中」，中乃自性也！發而符合節度曰「和」，和乃處世之道。修行者臻此境界，天地亦安其位，萬物自然生長，繁榮孕育；天在上，地在下，人在中。人為萬物之靈，故人亦可為「天地心」。試想：人能改變天地，天地卻無法左右人。知此者，便可領悟「天地」間萬化之流行，皆源自於陰陽兩氣之運轉，而陰陽兩氣亦終將回歸於真一「道・天地心」也！「領」者領會，「悟」者開悟。「心」欲獲真機，首要莫執於「相」。老子曰：「吾有大患，為吾有身」。有身相即生「喜怒哀樂」，此皆「幻化無常」，然卻左右了多數修行者。「及吾無身，吾有何患」。意即不求諸外相，放下榮辱利益，怎會患得患失呢？領悟其中真諦，即可步入「修心開悟」之道。上智者稀，中下者眾。故應按步推演深究天地之奧妙，乃無盡頭。尋求「善知識」之引導，立志持恆不懈，必結善果。此過程不需到金碧輝煌的寺廟，或山明水秀的秘境。故偈曰：「處處是廟堂，自性即道場，人人有法藏，何須上天堂」？否則便又執於「相」了！「心」何能明通？

大雷震烈不終朝，震動無過差之弊。狂風怒號難竟日，怒號作暢發之機。

雷之所以震烈，因自然界陰氣凝蔽，萬物之生機無以暢行。故大雷震之使陰氣散開，致氣象煥然一新。當萬物驟發生機，雷即功成身退。若由早至晚大雷不停，萬物反受其害，即犯了「過猶不及」之弊端。風之所以狂掃，亦因虛空陰氣固結，致萬物不能暢其機。然狂風只破其氣結並不傷物，故知狂風乃為萬物之生機而發，大雷與狂風皆為「天地心」之使然，其目的乃是「中和」陰陽兩氣以利萬物。故曰：「天之道，利而不害」。人苟法「天地心」以修持，即可悟得：「聖人之道，為而不爭」！

春生夏長兩氣盪，秋斂冬肅隨三光。雨露下垂霈遍物，被澤不知然為誰。

萬物負陰而抱陽，陰中有陽，陽中有陰（如太極圖），春乃陽氣之初生，夏乃陽氣之盛極。受陰陽兩氣交感相盪，助長萬物。凡於天覆地載者，得以「生無止息」，皆成於兩氣之交合。秋季陽氣漸收，陰氣轉盛，收斂萬物。至冬季陰氣盛極，此時萬物雖蟄伏，卻隱藏了陽氣初生之根。地表之春生、夏長、秋收、冬藏，除受兩氣之消長陶鑄，同時亦受虛空「日月星」之運行而交盪旋轉，天地助長萬物，供養群生，本自然無為，普降甘霖滋養群生亦無分別。於人身一如天地，亦為「一心」之主宰獨運。故曰：「萬法唯心」，人苟能修養此心，合乎天地之「真一」，「中和」之氣自存，被澤之雨露自生矣！

土壤廣育載群生，成能則未曾有作。雖云戾亦生有時，生機得以常不息，究其虛而曷常直，直道不屈為厥宗。

「風火水土」四大元素有成就萬物之本能。萬物生生不息，內受陰陽兩氣交感而生（如雞蛋），外受天地兩氣及四大元素之助緣而成。故萬物並非天地所生，如師者「傳道、授業、解惑」為助緣，無法給予「智慧」。春霜、夏暑、秋燥、冬雪皆為戾殺之氣，卻也隱含了生機。如前文：「生生殺殺自安排，萬物自召也」！真一之心雖權操天地間之行令，然萬物之生滅仍依「本能」在作為，而剝復無終。《中庸》曰：「能盡其性，則能盡人之性，能盡人之性，則能盡物之性，能盡物之性，則可以贊天地之化育，可以贊天地之化育，則可以與天地同參矣」！天地乃有形有質，並非虛無，因肉眼不得見，故曰之，如前文言「磁鐵」之能量場，即佛曰：「真空妙有」，亦可言之「精神世界．道．天地真一之心」。「道」剛直虛而不可見，能見的是它生出來可見的「天地」。據此便知，有形之天地非天地，唯有「天地心」方為真天真地。人身亦如可見之天地，皆為生滅之物。有「生滅」之物皆為「後天」，非「先天」。唯有借後天之「假體修真」，當「覺行圓滿」方能了悟「真道」虛而直，不爭不屈，此即文中「厥宗」。

喜怒不干愛憎無，天地不生道長生，眞元不殺物自盡，心無其心眞永固。道無所道覺常凝，大竅空空萬竅並，四維不著天地化，元陽耿耿二五交。不變含至變之神，無無寓不無之用。

「喜」者，天氣清明，地氣和藹，風和雨順，宇內太和，謂之喜。「怒」者，颱風迅雷，乾旱水災，天冥地震，物夭民災，謂之怒。「喜怒」皆由常而變異，看似自然之變化，其根本在於「民物」之氣熾盛不平，成了戾氣。再以戾召致天地陰陽兩氣相剝而生。然真常之「天地心」本自清靜，不受干擾，故無愛憎。後學苟能體「天道」之心，屏絕物累，神常內守，喜怒亦無擾也！「道」生天地，天地不自生，「道」亦不自生，無生則無滅，故能長生。萬物生滅有盡期，非道之使然。太上曰：「天之道利而不害」，覺者體天道真心，故只肩負教化與調和大自然之使命，絕不與眾人相爭，亦如天地長生。「心無其心」，第一個心乃指先天之「真心」，另一個心則為後天之「人心」。六祖曰：「有道者得，無心者通」。「道」即真心，「無心」即無後天之分別心。師曰：「人心死，道心生」，則真心永固矣！

「道無所道覺常凝」，第一個「道」指先天真常之道，另一個「道」則是指導修行之道。太上云：「失道而後德，失德而後仁，失仁而後義，失義而後禮」，覺者「人欲盡淨，天理流行」，則「浩然正氣」常凝守竅，後天之「德、仁、義、禮」皆不在其中。

此竅其大無外，四維不著，無邊無際，陰陽五行自然交合，化天地為真道。此竅實為一大能量場，耿耿常存，雖曰空空，然因其清靜無為，故能生萬法。此「生」非指有形萬物之生，乃是「應與顯」真常應物，真常得性之意。莊子云：「道之為物，無迎無送，無毀無成」。為之解！

方智圓神產五德，受氣成形三才藏。天賦人而人即天，地養人而人亦地，得其奧密天地同，固此真常無上境。

道經曰：「天圓地方，內方外圓」。古時之錢幣「取象於錢，外圓內方」。一枚小銅錢道盡了「天地陰陽」，處世之真諦亦蘊藏其中：「為人圓融，內心方直，不同流合汙，則方方得智，心覺神圓」。在行為上所流露出的即是「金水木火土」五德之氣質，能合天地之真常，方能統攝內在之「精氣神」三元。由衷讚嘆古聖之智慧啊！仙經：「象天法地，人天一體」。人受天地兩氣之助緣而生成，具天地之全德，含天地之度數，真元符應乎天地。故人之「真常」與天地之「真常」無異。人即天地，天地即人也！「奧密」

者，即「自性」，在聖不增，在凡不減。六祖曰：「何其自性，本自具足」。然人生後，受凡塵百般情欲及邪魔牽引，真常漸剝喪。苟能立志，遵循「內觀其心，心無其心，念時清明，湛然常寂」之心法，久之則「六欲不生，三毒消滅」。誠願而行，持之以恆，必得秘寶。此秘寶，儒曰至聖，釋曰波羅蜜，道則云無上境，名殊而實同也！

心澄中和心道同，立天立地從此出，天泰地泰心道泰，參天參地以是幾。妙在行間真究明，直洩苞符妙中妙，玄尋言下得玄奧，且寓一身玄外玄。秘密難傳今已授，深悟先求放其心，精微未到終必達，貞誠底定成於恆。

前四句論述「心、道、天地」。修行者養心、養性、養神、養氣、養生。最終乃「天人合一」回歸自然。其具體表現為「天人相通與天人相應」。莊子：「天地與我並生，萬物與我為一」。人體之陰陽消長，皆通於天地萬物。吉凶亦反映於天地陰陽之變化，氣血升降亦依四季變換而反應於脈象，人體之結構與天地亦相應合。如：「上符於天下則地，其動有如星宿移，天有晷度周天數，人之脈竅同其源，地有山河流起伏，人之脈血合其妙」。人體即小天地矣！天道本安泰，真常不昧。六祖曰：「何其自性，本自清淨」。人心欲尋本而隨天道泰。則必洗滌妄慮，去無明，尋覺路，期與「道合」，方不愧為人。

「玄妙、玄奧」者，實無所「玄」，知「人心」與「天地心」無異，於二六時「行住坐臥」中。

（一）不受外在人事物所牽引，心不隨境轉，去「妄想心」。

（二）上士無爭，為道日損，只問自心有否成長？不與人比高下，去「分別心」。

（三）日日「反省、認錯、改過」：逐漸去「分別、妄想」，進而消除「執著心」。

太上曰：「千里之行，始於足下」，立志依教奉行，慎終如始，破無明，找回人生真正之方向與價值，終能符合天地之真常。則「心」可上通於「道」，下應於「物」，誠願所行見祕寶。「自性」不求自得，故無所謂「玄」，只在於「信解行證」而已！大道至精至簡，本無啥「秘密」可說。然能否「深悟」？則應實踐文中之「誠與恆」。「誠」為聖賢之本，必貞其誠心。「恆」為成功之母，必恆其定心。莫聽信「怪力亂神」，不惑於迷途。放下後天之「人心」，持之以恆精微必達，即「明心見性」是也！偈曰：「花開蝶自來，無心路自開」，言簡意賅盡在其中。如《聖文經》：「道持恆，正為人，離三界，歸虛空，無輪迴」。

偈曰：

人生不過三萬天　成功失敗莫怨天

是非恩怨隨他去　心平行正何參禪

各人自掃門前雪　身心康樂賽神仙

心篇

二　五氣心

佛土神洲之宮宇，七寶羅全以供養，五氣交濟而絪縕。

「佛」乃「福智」雙全之修行者，覺悟的意思。「佛土」指佛所住的國土或說佛教化的區域。有「淨土、穢土、報土、法性土」，又稱「四佛土」，

(一)凡聖同居土。

(二)方便有餘土。

（三）實報莊嚴土。
（四）常寂光土。

「神洲」即神仙住的地方，其意涵與佛土相似。然不論佛土或神洲皆無實境，乃是指修行之境界，或說層次位階。「宮宇」即神舍，包含每個細胞。「七寶」者：金銀、琉璃、珊瑚、琥珀、瑪瑙等，用以比喻人心不昧，晶瑩清澈，異采流光。「供養」對上為尊敬奉事，對下為愛護同情。用一切七寶供養佛，都只是有形的供具。真正之供養是真誠的「供養心」。落實「信受奉行」。最終乃是供養「自性佛」，與一切眾生並無相關。「五氣」即：金、水、木、火、土，五行之氣，非指五臟，而是心念所生的五德之氣，陽和清淑之氣。「絪縕」指不偏寒熱，濁氣不生，無乖戾之象。此篇在「五氣心」的前頭提出一個綱領，以下便細述五氣之妙用。

一穴含光垂萬象。三田獨貫握元綱，內藏生剋剋逢生，外多合離離依合。

穴者人之心竅，光者神采煥發之象。此心竅包含天地真一之機，小如微塵，大則光照大千世界，參天地萬物，故曰「垂萬象」。三田即上中下三丹田，獨掌有形及無形之運化，然仍依「心竅」一心神明，三元方能貫通而握元綱。倘心浮氣躁，神衰精疲，三元則無所依持。故曰：「萬法唯心」。五氣生剋相互依持，彼此制約之妙義，於前文已詳述其因果關係。不足者益之曰「生」，有餘者損之為「剋」。心德欲全，必先參究生剋奧義，時加存省，久之五氣自然各歸其根。外者即目視、耳聽、口言之氣。合離即心中之神靈與外氣之相離相合。心有分別、妄想、執著，為外物所引，曰之合；子曰：「非禮勿視、非禮勿聽、非禮勿言、非禮勿動」，「合於禮，行之根」，則心不隨境轉，一心神明內守，離卻外物牽累，曰之離。「離」之當下亦是

「合」於道之同時。故道曰：「離時即合」，佛曰：「放下屠刀，立地成佛」，亦此意也！

秋冬堪符蘊奧妙。春夏亦法於權宜，截長補短求中和，去雜歸純理陰陽，既錯綜且互參伍，尤慎守而存安居。

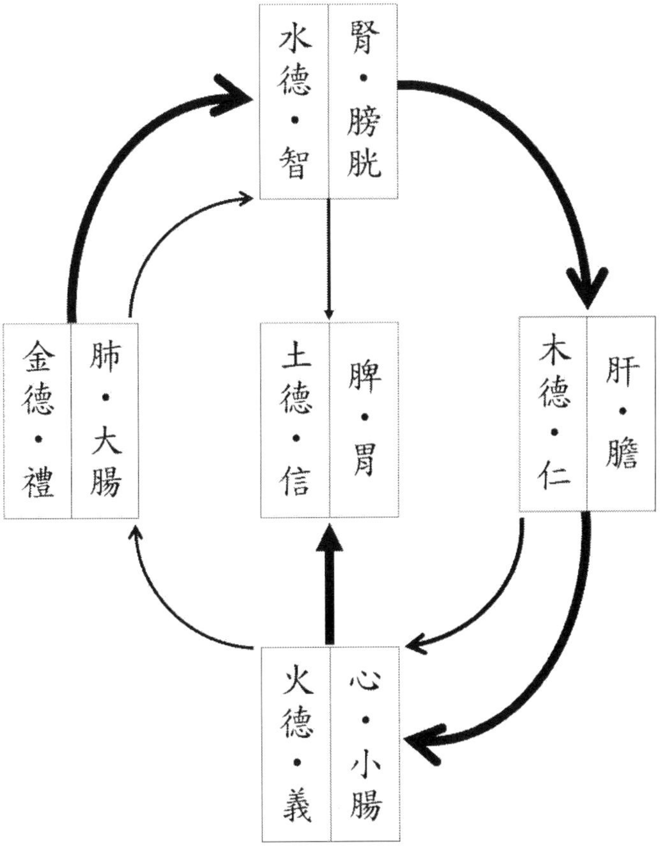

①五常　仁、義、禮、智、信，內圈細線

②五行五德　金、水、木、火、土，外圈粗線

③皆回歸於「中土」「信」

秋五行屬金，主收斂節制，在人心則為「禮」。冬五行屬水，有活潑流動之意，在人心則為「智」。金德行制約之功，水德自能知是非，明察秋毫，不致思想錯亂，以夢為真。合此兩德妙用無窮。春五行屬木，木德和煦慈祥，有助長之意，在人心則為「仁」。夏五行屬火，火德剛烈果決，具生滅之意，在人心則為「義」。合此兩德具助長與生滅於一心，應時事行權宜之法。今舉四德未言土德，土德乃「信」，信為功德母能長養一切善根，故言四德已包乎土德矣！太上曰：「損有餘而補不足」，即截長補短。人心中五氣本自和，無過亦無不及，然落於條件差異則偏。如：木德太過則偏於慈而成溺愛，必假金德節制，火德裁抑之，謂之截長。若木德不足則偏於戾而成乖張，必待水德之智以開導，謂之補短。其餘各氣之德，依此類推。目的在求去雜歸純，致陰陽兩氣中和，學者可詳參前篇「五行生剋圖」。雖顯錯綜複雜，若然能細心窮究其蘊藏之奧義，便能融會貫通並時加存養，慎而守之，放下物累，安而居之，五氣自然各返其根，心德全矣！

絳宮赤縣名多端，認祖歸宗言談異，為聖為賢由此達。作仙作佛以是幾，不求妙用老無成，苟獲眞機霎時造，理本至微發憤啓。道非可隱與知能，法待推演修無昧。

絳宮赤縣者即人心也！心五行屬火，火色赤絳也。「宮與縣」則喻心之司掌包含寬廣。人自有生命之始即以心為主。秉天地真一之炁，化出五氣之德，為萬化之源。人自有生以後，七情迷其本竅，三毒六欲損其真元。雖遭迷昧剝喪，然其本根未滅，若能勤修治心正學，不為異說所誤，莫為多欲而愈迷，則終可復其存者，曰：認祖歸宗。所謂「聖賢仙佛」，實是修行者一心自覺圓滿的境界。道家的哲學思想「虛無」融合了佛學的「空」，而成就的「清靜無為」，回歸於「本源一心」。此心空無如鏡，鏡前種種色相原非鏡中所有。不執身外物於心田，「心」不隨境轉，則臻「清靜無為、明心見性、聖賢仙佛。」柳氏——為學之道：「修身所貴、道德內充、待人公正、處世和平、捨利滅私、禮義是崇、有為有守、以大以雄、尚仁樂教、固我高清、聖賢可達、無背此功」。能依教奉行，有朝一日水到渠成，人皆仙佛矣！五氣交濟互用之妙理，至精至微，欲從「理」上求開釋，恐是「冬雪尋蟬」。唯有發憤立志從「心地」上著手。子曰：「道不遠人，人自遠之」。大道無形，然非隱而不見。人本就在道中，與道之本體無分。肉眼不可見者如「磁鐵」之能量場即是道。法無定法，萬法歸宗。詳參前文「道尋源本天地心」。有此認知便不落「迷昧」。偈曰：「任性逍遙。隨緣放曠。但盡凡心。別無勝解！」

原夫木德中含內，春風常流習和煦。仁道至粹天地元，淑氣初降自維皇，本根能固枝葉繁，嘉樹活澤而滋生。大林賴刈卉毒清，丙丁不發陽光昧，婀娜之柔條堪濟。

木德即天地中和之氣。人自有生之初，即秉天地之清和寄於一心。此

「炁」寂然不動，無形無相，在聖不增，在凡不減。然人因後天物欲所牽累，逐失本真而不發露。修行者內心物欲越少，則木德清淑之氣就越能顯出，不剛不暴，外表流露著春風滿面之氣質。子曰：「誠於中而形於外」。木德於先天為「元」，乃「仁」之本體，在後天即「仁」為元之用。仁道夾雜人性，必經修心淬鍊放下諸多欲望，將初始心尋回，便返歸到「元」之本體。本根者即木德之本體，自性也！原本安固無動搖且枝葉繁茂，皆因「心」隨境轉，受外在種種誘惑所累，致原本粹然之風采無以流露。故必藉水德之靈慧施以活澤。智五行屬水，故子曰：「智以成仁」。倘木德過於仁和，則落於流蕩而無節制。必賴金德收斂約束之，此為五行金剋木之功。丙丁指心中火德而言。火德主乎「決」，義之本體。火德如陽光之火，顯耀不昧，見善思遷，知過能改，若受物欲之累牽動本能，想要的遠超過需要的便成了「昧」。此昧必借木德藹然之氣以養火德，行木生火之妙用振其火德而不昧。自然生出正道光明不可屈之義氣。

戊己偶染陰濁毒。茂密之美蔭可遮，百煉歸元萬邪避，太和保合真一回，至道精微時維密。

戊己指土德，土德主「信」而載乎「意」。當人心產生「無明」時，誠實之真意則化為妄念而失其信。即文中「染陰濁毒」之謂。茂密之美指木之「真德」粹然和厚，可制邪妄之土德，戊己陰濁自消，誠實無妄之土德自然還元，此為木剋土及剋中寓生之妙用。百煉者即持恆不懈，功行深厚之意。木德本體原氣純無疵，但人自有生以後，欲望不止，致木德迷昧而入歧途，故有待於修煉，使「濁者清，雜者純，散者聚，弱者振」。勤煉反歸本體，時加存養省察，守之真一。因至道精微，功候雖達然尤貴安固，必慎而養之，不使走漏。五氣之修煉皆同，方為永貞之道。

至若火剛中正氣，實光照乎遍大千，夏令當權於二七，蘊之則義方內具。發之則剛烈外流，頃刻燎原法清流，終朝烹鼎擇美櫝，最喜旭日陽東昇。尤嫌陽烏暮西墜。

火德秉剛決不曲之正氣，曰火剛中正氣，天地萬物皆不能離此氣以化育。火德乃離象文明，人之行住坐臥皆受之裁制，萬化畢具，包管無窮，光照大千。夏季乃火德掌令權，萬物秉其正氣，物物暢發展出榮茂之象。二七火也，言出河洛，指火德而言，位鎮南離，蘊之則藏於內，至明至健寂然不動，此乃人心本然之義。然當其有感而發，則剛烈不可屈，流露出浩然正氣，榮辱死生不驚悚。人若失此火德，靜則不明健，動則退弱，故不可失之。然火德過剛，一發便如烈火燎原，即流於偏頗，令人難親近。為校其偏則必尋養正之方。可借水德之智制火，以柔剋剛，為水剋火之妙用，即文中「法清流」之意。美櫝者良木，粹美之木德也。鼎下之「木火」交濟，變化調停，當賴木德以長之中和，方得終朝烹鼎，養出浩然之氣。人心火德苟如旭日東昇，出則光透萬千，修養渾全時光明內含，照遍百骸不流於過剛，人皆喜之。若如夕陽西沉，神采漸退，為火德不振之敗象。故行者應及時掌「生尅」培植之功，不令其敗退，務使如旭日之升，不為陽烏之墜也！

得其節度物平施，反厥本來剛中立，法本玄微觀日迭。理苟明達神調停，制心奇功安神妙。氣有發收秋斂肅，心不違禦禮防閑，大繩不踰守規中，古民無知行矩內。

承上文：火德善用調養之功，過則尅，弱則生，維護調理使之純和。養成無過剛亦無退弱，以平等心看待萬物，謂之得其節度。火德本體陽明剛健，若因妄念使之偏漏，則應去雜歸純，深究涵養之法，久之自可返火德之真面目，謂之「反厥本來」。涵養之法玄奧微妙，法門繁雜，於此中尋法恐生誤解。不如觀日出日落之迭運，不過剛不過柔，循自然法則而行，普照大地，日久養成功候，便能明其理之深淺原委。理明則火德得以調停。自古制心之學，不勝枚舉，然首要為「止念」二字。持恆念茲在茲，一心不亂。偈曰：「道以心得，心以道明，心明則道降，道降則心通，心通神自安」。此即制心奇功也！人心木火兩氣既成，百物暢發，剛氣十足，萬物欣欣向榮。當發揚到極致，就必須借秋金之氣以收斂，使氣不致過度發散洩盡而止息。然金德歛肅亦有準繩，依不違不禦而制之。金德為禮，故曰禮防閑。繩與鑰鎖乃約束規範之用，若如上古時代之人民，無知無識，但行為純樸，寂然內守無妄念，看似無知，卻常守規中，無須律法規範。此即金德「禮」之本然。行為不逾矩，故曰「禮節」，以禮制約之意。

金城擁固戎馬退，履白雪寒不用兵。得火就範可方圓，以水淬鋒免柔鈍，靈明地活若泉流，智慧囊靜深似海。曲直方圓隨物器，東西南朔通本真，智可止狂暴炎飆，水能長發舒佳植。

金城者喻人心之「金德」。安固周密之意，萬般外邪皆不能侵害，戎馬退比喻邪魔亦退而避之。宗吾曰：「厚而無形」。白雪者喻金德之氣凝寒而結，冷淡好比白雪，如強兵遏敵，不攻自退。宗吾曰：「黑而無色」。金氣之德守之過嚴則成頑固，必賴火德剋之。經曰：「金入火鄉化頑成器」，有成方圓之妙。造利器者，火煉之後必以水淬之，其鋒方銳且堅。故合火之義與水之智，水火濟濟，金之禮方成其用。人心本至靈至明，遇外緣則漸失其靈明，然本根未必全失，只將心中萬緣放下，人欲消則靈明復，方可內藏含「智」之水，活如泉流，靜深不可測。太上曰：「上善若水」，水能包容萬物，亦為萬物所包容。動則東西南北皆自力通行，用自身潔淨洗滌它物之汙濁，遇阻則讓，遇熱則升成雲，遇冷則降成雨或冰雪，遇狂火則制之，助一切花木之生長，利萬物而不爭。無論其形體如何變化，卻從未失其本真之「智」。故太上曰：「獨立而不改，周行而不殆」。

勿妄壅之而橫濫，宜導引之使順行，蕩瀉無關誠土蓄，激揚不節本色虧。貴得培養此真機，驪珠終期得握手，明月抱懷循妙訣，奧理詳申明修士。

承上節，俗曰「水能載舟，亦可覆舟」。水氣易動難靜，若阻之不當則氾濫無歸，必時加斂制使之寂然內守。水在人為智，故以「禮」來節制，導向正軌。智由神而動，若強用起心動念，水智無所節制斂抑，致過度蕩瀉激揚，則神耗。日久便失其本真，此為「聰明反為聰明誤」。必借土德之誠實制之，此即土剋水之妙用。

人心秉天地之氣即具天地之靈。明前文生剋之真機以培煉之，不及者長養之，過則裁抑之，日久水德之智漸充滿洋溢，回歸本來，慧光內蘊，如明珠在握，明月當空，普照大地，此乃喻言爾。行者當細究箇中奧妙至理，循此訣竅於二六時中勤修不懈，道貴在行，行必有方。有朝一日功臻上乘，必有所悟。唯不忘實踐「誠與恆」兩字耳！

中土含溫潤之德，大信統化治之宗，合水火德而成能，中孚為質參伍功。併木金和以為用，渾然純一秉眞靈。

中土者即五行「土德」，五常「信」也。土受火「生」而溫，受水「滲」方潤，則能成其德。五行無土皆不能成就。木德之仁離了中土則非真仁。火德之義離了中土則為假義。金德之禮離了中土則成虛禮。水德之智離了中土則為邪智。合水火木金四德歸於土德，即謂之「大信」（見圖解，頁一二三）。萬法不離其宗，中土統各氣之德以成化治，故曰「大信統化治之宗」。土德之誠信本是好事，若過之則變為頑鈍。必備水德之智濟之方有活潑之機，有火德之義輔之方得剛毅之氣。故土德須藉水火二氣同助，方能發揮其本體之誠信，統五氣以致其功。土德渾厚純樸，亦依木德之仁以制，金德之禮以持。合水火木德之匡扶，貫徹上下，無間斷方為無虛假之真土，信也！即文中「渾然純一秉真靈」之意。

狂瀾賴坤以止蓄，允執厥中莫偏倚。擎電藉土以收藏，為物不二信誠一，悟此關頭五氣還，自是圓融臻境界。底蘊難形斯奧妙，默而守之强名道。

水德為「智」。內慧妄動飄流謂之狂瀾，此皆因土德之「信」未能渾厚鎮守，故應培養其坤土，方能止其智慧之橫肆。待土德誠信內含，即可止蓄氾濫之水德，不流於偏倚，謂之允執厥中。火德為「義」，火之發而不禁，如雷電剛烈迅速，謂之擎電。火德之氣本伏藏於土，故養成土德純厚誠信不二，火氣自能安定不妄動，謂之「土以收藏」。修行在於領悟真機，方得圓融無礙之境界。前文雖言水火木金四德無土不能成就，然土若無火亦不能成其器，無金不能成其調節，無木不得安固，無水不能持恆。故知五德乃環環相扣，密不可分。修心功候至此即可悟得五氣迴環契合之妙機，天地統會於一心也。然尤重「慎守之功」。行者可參究《史記》「守愚、守靜、守時、守信」四守。默默綿綿養其渾全之氣，終得「清靜、自在」。此中奧妙非言語可形容，唯行者自悟。故強名曰「道」。

不離方寸寄大道，致力首辨心五行。順逆推來成妙諦，深淺探究直眞元，兩大玄微從茲入，萬源分派五為綱。人無異心無異理，願至德門好修士，聖哲仙眞不難及，亦為天地默眷也。

此節乃論述五氣心之總結。即心即道，道在心中，心外無所寄，故曰大道不離方寸。人心本體渾全無虧缺，然而人有體欲之根，於有生之後受物欲牽累而迷失，本心之渾然逐歉欠。學者致力於返本皈元，必先辨明五行五德交濟之妙用，順逆生剋之理，由淺入深不躁進，步步踏實如水之流通有序，不問收成只問耕耘，日久功成自得真元。兩大玄微即天地之大造化。人心秉天地之氣，自具五氣之德。其理雖玄微靡窮，然含於五氣之中。學者欲求心學之極功，必先恢復五德之虧缺，萬法亦不出此綱領。道經曰：「萬殊歸一本」。致力五氣五德之涵養調護，惟精惟一。允執厥中，一心在德門持修，有朝一日回歸自然「道」，將深深體悟「人心與天心」乃是一，非是二。太上曰：「天道無親，常與善人」。故「人行善願，天亦從之」。欲臻聖賢，何難之有？

偈曰：

人言點石可成金　此言曾聞未見真

惟有加工培厚土　管教花木四時春

心篇

三　無礙心

人身內有靈谷焉，太陽出入於其間，神龍隱約乎其下，光流萬彩烟霞消，氣吐千祥蛇蟒遁。

靈谷者人心中之竅，神室也。心竅中無物如山谷，因其空無一物真靈方寓之，故曰「靈谷」。太陽指人之先天元神，自性也。元神乃陽火，故曰「太陽」。神龍者指後天識神，人心也。識神有是非、利害得失之辨識心，故曰「識神」。元神純陽居上，識神陽陰參合居下，然皆出入於靈谷。太上曰：「人神好清，而心擾之。人心好靜，而欲牽之」。人之元神無執無求，清淨如鏡，事來則應事去則靜，慧光普照。然而因識神妄念不斷，認假為真，既有妄心，即驚其神，元神則耗而不充。文中「蛇蟒、烟霞」指人心妄念紛紜，泛情妄意無端起伏，六識之惡根逐生。行者欲將此邪妄念慮消除淨盡，可參照「止（定寂）觀（慧照）」以修持。有朝元神充塞即見浩然之氣，如千年暗室一燈明之象，功發遍及「動植飛潛」，此即「無礙心」之妙境。

大川廣漠人臟腑，咸靜寂以納日魂，庶彙群生承氣化。言功施周行無礙，溯体段渾穆難形，心學還元斯妙境，道藏為至隨卷舒。

從人體解剖可見之臟腑，何異於地表之山川平原。日魂者指元神而言。人皆因妄念不斷，致木宮不藏魂，土宮不載意，日久必牽累火宮之真靈妄行亂飛，欲求返歸本舍必先絕其妄念，使之定靜爾後元神始能藏納。好比大地山川，必風平浪靜，而日光之精氣始能招攝萬物以為生化。日魂既藏納安定，各宮之精氣自返其根。識神之無明漸消，進而「不視自明，不聽自聰，不言自解」。全憑靈氣之感悟，周行無礙，放之則彌六合，卷之則藏於密，玄幽深遠不可名狀，此即太上曰「道」。學者果能放下物欲澄心內造，內觀其心，心無其心，步步為階練到純熟，無聲無臭卻內含萬有，返歸本來，此妙境謂之「心學還元」。

三教分途同極樂，一心印証妙詳陳，執中允協化存神，靈光所被自咸麻。德意潛流心渾全，雲山無隔無礙境，千里遙神行咫尺，百世而下可悉達。慧照奚啻灼目前。

偈曰：「白藕綠葉紅蓮花，三教原本是一家，三大聖人傳真理，得了妙竅回老家」。自古聖賢無非自修，心造到無礙，再將其修行心得無私的教化後學。儒家曰：「執中貫一」；道家曰「抱元守一」；釋家曰：「萬法歸一」。名雖不同然其理無異，殊途同歸於「道」也！依此修持印心圓融無礙，謂之極樂之境。《尚書》「惟精惟一，允執厥中」，執者一誠無二心之謂。學者依此心法，勵志存神，造至本體圓融，純德光發自生浩然之氣，所到之處萬物有感並受其庇佑。《易》咸卦：「天地感而萬物生化，聖人感人心而天下和平」，亦同此意。偈曰：「千江有水千江月，萬里無雲萬里天」，意即心體渾全，德意潛流，雖千里之遙，亦無山川雲雨之阻隔，此為「神靈」清明致之，謂之腦波亦可。「宇」為空間，「宙」為時間。神靈養到圓光無礙，如明珠在抱，日月光華無處不照，慧光灼灼，神清則明，過去與未來盡在眼前，其妙用即使萬里之遙亦近在咫尺，毫無時間與空間之限制。此為無礙心之上境。

從心所欲眞意彰，玄妙實莫知其然，不約而孚孰與並，靜含動而動亦靜，若時出之活淵泉，常寓奇而奇如常，執表大經於宇宙，配天配地浩靡藏，即誠即明悠無盡。

承前文：當印心圓融無礙即可隨心所欲，然而此欲非後天凡夫之欲，乃是無礙心之真意所發。經曰：「無所住而生其心」即是。至此妙行層出不窮，看似玄妙，實是順其自然無妄為而彰顯。《易》曰：「中孚以利貞，乃應天也」。大信不約，一切以至誠之感召而應天，無需凡心之安排與約定，此景孰能與並？當一心渾全，五氣即復歸自性。六祖曰：「何其自性？本無動搖，能生萬法」。無動搖即是「靜」，如如不動之真實心。生萬法即是「動」，眾生因起心動念而生，然此「生」非生有形之物。自性如明鏡本無生滅，乃是應眾生之感而「顯應」。靜為體，動為用，動靜二機又如淵泉，有深「靜」之象亦有流「動」之機，人心動靜之機無異於此，故知動靜乃是一體。道醫為人調理亦是「心靜而炁動」。一心無執礙於造作，所發皆合乎自然之常，不明者視之為奇。秉此「道法自然」之常謂之大經，動靜皆無礙於時空。太上曰：「天動地靜」。天以無為而行化，地以無所作而生成。此中包羅易象而育靡窮。《中庸》云：「誠則明矣，明則誠矣」。故「誠與明」是統一的，其生成之道無遠弗屆，天地間萬物之情景皆可見。以上即無礙心之「體與用」為之解。

修齊治平覺洞然，內耀則輝如游刃。經權常變天地物，素靈具則若順舟。不分其美本自彰，不損其氣而莫遏，功臻極地神明通，後學能循道岸登。

修身、齊家、治國、平天下乃是修行次第，以修身為首要。必循序造此心真元渾全，日久內發其光，常覺洞然如日當中，謂之內耀。俗曰：因時、因地、因人而制宜，即原則不變而方法可變之意。故守常仍須知變，經權善巧活用，則心無罣礙，加以修持養育之功，提升心靈之素質，事來則應，事去則靜，凡事皆通達於一心，謂之游刃有餘與順水行舟之喻。《莊子》：「天地有大美而不言，四時有明法而不議，萬物有成理而不說」。行者一心修得渾全無礙，方知「不言、不議、不說」，乃一切皆是本然彰顯，無為不做作，如日月之常照，一心耀氣無所損，故不遏。師曰：「身中本有大還丹，靜觀功夫要細參」。後學苟能持恆細參，久而久之功夫深厚，神清靈明，終可臻極地，成道登彼岸亦可為也！

言及虛空真法界，大妙由大覺而生，清靜功修離塵濁，能化實以誠為本，收萬物之靈為靈，曇花煥發真元得，合兩間之氣為炁，玉宇馨流無礙心，涅槃雖云真靈固，恆河難量未佈施。

虛空法界指修行者心無罣礙，看破放下萬般塵緣，一無所染謂之虛空界。妙者即靈慧燦發之意，形容人事物變化莫測，讓人捉摸不定而又奇妙有趣。眾生皆迷，認假作真犯錯而不自知。故曰：「人非聖賢，孰能無過」。學者經由「反省、認錯、改過」，破迷開悟而見性即是「覺」，古聖亦依此修行。覺者深知，凡有色相皆是虛妄，唯有一點真靈，出入隱顯，寄此形體以修真，至虛靈慧生，箇中妙趣無法言傳，只憑意會。即文中：「大妙由大覺而生」。分別、妄想、執著為心中之塵障汙濁，心欲清靜首將此障礙剷除。下手功夫以「誠與恆」為根本，當功行圓滿即臻大徹大悟。《黃庭》曰：「仙人道士非有神，積精蓄氣以成真」。明示後學，仙人與道士並無神通，莫聽信怪力亂神。「積精蓄氣」一語道破「內丹學」的核心，煉氣的關鍵及深邃的理論問題。同時對神蹟派做了有力的批判。修行並非追求神通或通靈，而是學習理通，積精即是借由煉氣調陰陽。《內經》：「調陰與陽，精氣乃光」。此「光」是由調陰陽之精氣而產生。《易》曰：「一陰一陽之謂道」。萬物皆負陰而抱陽，秉天地真一之靈布散而生，皆合於天地之真靈。借「陰陽動靜訣——仰首托天敬玉皇，低頭攀足拜地母」，配合清靜心將萬物之靈，合而蘊蓄於一心內。其過程由「行氣↓蓄氣↓服氣↓養胎息（煉內丹）」，實際是「能量的轉化」而已。這便是「積精蓄氣」的核心簡說。《大道歌》：「真陰真陽是真道」。此真乃「成真」之意，比之仙人道士更高層次的「真道」。通過勤修內丹學（心學），集天地之真陰真陽兩氣返自然之道（炁）。人本秉乎此，因妄念百邪而散之，苟能含蓄於內而不散者，則浩然內充。即文中「合兩間之『氣』為『炁』」。至此元神如碧玉無暇，芳馨流露，萬邪淨盡，誠為無礙之心。涅槃即不生不滅之意。「不生」非指未生出有形之物，乃是真靈內藏，清靜無為，寂然無起心動念之謂。「不滅」非指不消失滅亡，乃是真靈內固不散，不增不減亙古常存，心不隨境轉之意。覺者涅槃之心體已至無上境，寂然內守，無相亦無願。昧者常論之，謂此真靈無功施於世。然眾生有感則顯化應萬緣，真靈寄於有願者形體，以無礙之悲心渡人。行者苟發其願心，保此初生之本真，廣渡恆河無量眾生，不求功德，則必印得「無礙」。師曰：「無形須從有形起，有形還需無形遮」，此即道醫調理之內涵。

彼岸既越勝白雪，阿僧入定日夜明，不著殺機魔潛跡，三品眞乘億載靈。獨具華藏無始終，大開普照靡間遺，空空非槁色皆眞，襲其形似後人弊。達玆奧妙默中悟，舍利國清風明月，簡篇言水碧沙明，欲印心捨此無參。

佛曰：「波羅蜜」，乃指凡夫在苦海的此岸沉迷受罪，迷惑於名利而不自知。唯借修正行為心念，有朝一日放下紅塵惡習，方知回頭是岸，待尋得此心真諦，養得真元返歸本來，即登彼岸之意。然此岸非有形之岸，而是喻「道岸」之謂。在人之靈性是一種涵養境界。此光景之靈性一塵不染、光明朗徹，毫無瑕垢尤勝白雪，此乃喻言。阿者大也，阿僧指出家眾修行到六根清淨，明心見性，俱足「菩提心」的大修行者。文中「入定」即「禪定」之意。禪為梵文「禪那」之簡稱。專心一致研習為禪，心駐一處不散亂，一念靜止曰定。禪定是精神領域的意境，非言語可敘述，如人飲水冷暖自知。行者修得一心真宰，內耀光輝如日當空，無時無處不照，於定中時光飛逝而不自知，即文中「入定日夜明」之意。

佛曰：「殺生」非單指有形之傷害。起心動念間存酷烈之心亦為「殺」。惟心德造到渾然粹美，滿腔慈和無一絲剛猛之氣，方為不著殺機。經百煉而成心體渾全，塵欲邪念不生，萬般邪魔之蹤跡自然消失。三品真乘者乃指人之真靈如「電能」，其聚則存，其散則沒，當中有強弱之分，故有「中乘、上乘、最上乘」三層次。行者證得「無礙心」者即達中乘，由此漸進，有朝功行圓成，靈光無礙即登得最上乘。經曰：「一得永得，亙古如是永不退轉，即文中「億載靈」」。

華藏者，華藏世界之簡稱，亦即極樂世界之意。在此間無凡塵眾生之「生老病死，戰爭禍難、名聞利養」等諸多煩惱障礙。行者功夫圓滿即無起心動念，跳脫生死輪迴，無始無終。經曰：「無無明亦無無明盡」，即獨具華藏無始無終之意。大開普照為此心之光照無礙，如前文，內耀光輝如日當空，無時無刻不照，遍及大千世界，鉅細靡遺毫無遺漏之處。肉眼所見之虛空雖空洞無物，然其中有象亦有物。故覺者曰：「真空不空生妙有」，光言「電波」即是事實，於人之感應覺知所表現出的即為「腦波」，故文中曰：「空空非槁色皆真」。道有「真、偽」，修行者持心於本源上為真，未達本源真諦者為假。如人於禪坐時，只知閉目枯坐，模樣與神像一般，並無從心地上用功，此為枯坐，對靈性淨化與真元凝結毫無助益，故只襲其形似曰偽學，如此盲修欲臻無礙境，豈可得乎？此乃諸多後學之弊端。知其弊而尋破迷開悟之道者，即知去偽歸真，持此心行竟委窮源之奧妙。學習莊子「外化內不化，乘物以遊心」，對於外在一切人事物皆以無為待之，順其自然為外化。老子「和光同塵」亦此意。內不化者即內心堅守原則與道德，生活中順應社會規則與法律，合乎禮俗，待人公正，不拘小節。道曰：「讚我譽我、謗我損我，由他去，無求無待，真逍遙」。佛曰：「心不隨境轉也」！如此即能實現精神的自由與解放，心神遊於大自然中，久之可體會人之元神是「一滴水」。將這一滴水投入大海，就永遠不會乾涸，在默中自可領悟原來大海就如同「道」。將性命回歸於道，返皈於真實的根源歸宿，俗曰「永恆」，佛曰「一真法界」也！

「舍利國」即「無礙心」之意。養得舍利是真靈凝固，永不退轉乃至寶也。真人曰：「舍利非人體火化之骨灰，那些頑固燒不掉又沒有靈性的物體，怎可稱之「舍利」呢？」舍利乃是梵文 Sarira 譯音而成。行者修至「真靈永固」名為「舍利國」。修得此無礙心之行者，內在法喜充滿，外在能利益一切眾生。儒曰：「誠於中而形於外」。外表所見到的是氣宇軒昂，神態如清風明月。三家乃至百家指導修行，皆以「直指心田」，無一例外。故有形之骨灰非舍利，而是指先天自性。經曰：「一切有為法，如夢幻泡影，如露亦如電，應作如是觀」。行者必須認清何為「真、假」？師曰：「常覺不迷者知其『真』，真者性體圓明，湛寂真常；常迷不覺者指其『假』，假者目迷幻境，瞬息常變。是以真道與非道即在於「覺與迷」之別爾。故行者欲印得無礙，唯有從心地上下功夫。言簡意賅，捨此無它矣！

至若道源教真宗，印心無礙五教一，天機逸趣動靜理，存想難合於自然。劍利情柔斷邪緣，根深蒂固慧居常，真主當來隨念至，神通不測道心生。無方無體無滯礙，燈明萬歲寂常照，芽吐毫端慧光出，守有存無真靈復。

真人曰：「道教之正宗非如當世之偽道，以喃唱跪拜為道，以喃唱妄言索人財物」。此類欺人之徒空襲道名，實乃汙乎道門。興言及此，殊堪浩歎。豈知「道」者乃生天地之妙理，人得之則寄於心。道教開基之祖，其正宗不外以印心為本。心者萬化之根，捨此皆外道矣！道乃自然，萬教皆以道為依歸，唯有一心至誠，實踐放下萬緣，自性真靈契合乎天機，動靜皆順應道，自然能機暢神活。若終日異想天開，識神當家，則元神不現，未印得無礙上境，非真覺也。經曰：「揮慧劍，斬心魔」。慧劍乃人心中之智慧，非有形質之凡器。人自有生皆秉天地之靈以為慧。然因受後天之七情所制，五德漸失致此慧不凝。唯有借鍛煉天地陰陽兩氣，復其五德，以此為根本，方得印心無礙。《鬼谷》曰：「善用陰陽則無所不出，無所不入，無所不可。察其事、論萬物、別雌雄，見微知類，符應不失」。能於人、事、物間善用此慧劍，「剛正不缺，柔和不屈」常置心中。佛來斬佛，魔來斬魔，煉到根深蒂固，離卻虛妄外相，心中得大自在，即文中「慧居常」之意。真主者即是自性。六祖教人修行以「自性自度」為根本。「邪來正度，迷來悟度，愚來智度，惡來善度，如是度者，名為真度」。得度者皆是由轉念而證，絕非依賴任何人或神之提撥，更莫聽信能為你灌頂開天門的宗教金光黨。俗曰：師父引進門，修行靠個人。所有聖賢仙佛皆是修行人的導師。儒道亦言：我命由我不由天。故知儒釋道三家度人無一例外。得度者實無所得，乃是心性圓光無礙，依自性流露而生萬法。看似神通不測，殊不知法由道生，不依一法而法自行。玄覺曰：「不得一法即如來，方得名為觀自在」。

《華嚴》：「千年暗室一燈明，性光遍照無內外」。比喻眾生之靈性如處於暗室迷不知向，修行者得善知識導引便能破迷開悟，離苦得樂。靈性如同於暗室中點燃明燈，慧光常照，絕非時人點那有形之燈，行者必須認清真相。無者：道，先天一炁，恆常之謂。有者：陰陽，後天萬物，無常之謂。經曰：「無中生至有，至有奠乾坤」。有生於無也！故知「有與無」乃是一體兩面不可分。以無分別執著之心看待萬物，保持先天無形一炁本「體」，心不隨境轉曰「存無」。以無為之心但順應自然，善「用」後天識神，上通於道，下應萬物謂之「守有」。如為人調理身疾即是「存無」之心合「守有」

之手。守有存無若運用於「鸞乩」則是由「靜空」漸次將此心臻止「存無」之境，證得無礙心，真靈復時，無中自生訊息，再配合「守有」之手方得文句之顯現。以上簡述乃筆者之實際經歷，倘看官有此親證者，亦可共參之！

密室堪藏廿八宿，神返清虛卅六天，縱橫自在隨所行，夷險俱忘莫不樂，豺虎既伏嬰何惕？露電堪觀娛耆叟，境原無奇世多誤，語必中的人釋疑，不作奇險異說談，唯望智愚歸覺路。

廿八宿乃上古時代之「天文學論述」。將虛空中星象劃分為廿八組。卅六天是道教的《宇宙創世論》，構想神仙所住的天界有卅六層不同空間。實為太虛大自然界之喻言，因無考證，故不予解。密室指人心而言，人之一心至深至密，無人能窺探且能生萬法，包含萬有，即文中「堪藏廿八星宿」之意。人之元神經由後天「練精化氣、練氣化神」，將後天「精、氣、神」三元煉化合為元神，續為所用，一旦元神脫出肉身，返歸清靜虛無之境，即文中神返清虛之意。「豺虎」乃指識神中之惡根，無異豺虎之危害元神。當印心無礙，六識不生，無妄念時，元神之耀氣便充周於百體，如春雷光采，甘露滋潤，慧光清亮。太上曰：「欲既不生，即是真靜，真常應物，真常得性」，隨心所至無不樂。行者既已證得此境，便知此境本是自然無奇。道家修行乃是「重人貴生，我命在我」，直接服務於當下之生命過程，信仰實踐「現實主義」的精神，由修行入手，以印心證道為目的。儒釋亦不外乎此，絕非遠離「現實」的虛幻理想，創異說以教人，誤人誤世。故太上曰：「道大、天大、地大、人亦大」。人心與天地心無別，詳參前文印心篇，心中自能釋疑，不為旁門蠱惑而墮歧途。能知此者，則勿論「智、愚」終得印心之功，齊歸覺路，只在於時間之早晚而已！

印心印道心藏道，道宅心本明道心，靈臺無滯教其本，欲離苦海完大願。續尋墜緒之茫茫，通領源頭於默默，會厥祖宗隨身處，無損分毫任衆議，斯至道賴以不沒，即心學得長明焉。

偈曰：「即心是佛，無心是道」。行者當知：若欲求佛，即心是佛。若欲會道，無心是道。心何以藏道？因人身秉陰陽五行之氣而生，其理包涵於一心真靈。無形之道必藉有形之心方有所寄託。故人心乃為藏道之區也！《孟子》：「萬物皆備於我，反身而誠，樂莫大焉」。人以虛靜之心，仰視俯察萬物之根，便知心乃是眾生之本，心與萬物是一體，漸入物我相融，領悟「如如之心，真常之性」，終能「心靈」與萬物相應。後學苟持心証得無礙，則了悟心即道而道即心矣！其樂無窮！偈曰：「靈台雖然有色相，無善無惡相自傾」。靈台乃指人心而言，靈台之色相即前文「守有」。無善無惡即「存無」。靈台欲臻無滯礙，必先明人身因有感官而生欲望，妄想分別而產生爭奪，其結果不論成敗得失，心皆不得安寧。唯有借「定靜」思考生命的意義為何？首要放下我執，將主觀的「我」，相對的「我」，客觀的「我」，眾多的「我」一概放下，則心無罣礙。進而行布施與消業以完成此生願力。白衣大士曰：「瓶中甘露常遍灑，手中楊枝不計秋。千處有求千處應，苦海常作渡人舟」。前文「守有存無真靈復」，此處存無即以修己元神為本，守有即以識神度人為用。將「修己度人」的願力完成了，即「完大願」之意。緒者道之統緒，人因無明而道緒漸斷，認清「過去、現在、未來」是一不是二，是同時存在的。蘇格拉底：「現在是過去的未來，也是未來的過去。」這句話說明了，不要以為過去的已經過去，未來的還沒到來，現在的永遠不變。知道了道之源頭真相就時時默而守之，即不致對生命造成無知。一切人、事、物皆有其生存的道理，不以善惡是非作衡量，唯有適合與否而已！祖宗是誰？過去的我，未來的我都是祖先，拜祖先即是「會厥祖宗」，旨在修自己的靈性。俗曰：九玄七祖盡超生。九玄指後九代子孫，七祖指上七代祖先。

每一個人都是遺傳了祖先的基因，現代醫學DNA就是證明。人之所以修行，目的在借此手段把優質的基因由我發揚光大，這叫「上超七祖」。不良的從這一世化去，不再遺傳給子孫，叫做「下蔭九玄」。絕非花錢請人誦經為你超度，而是自性自度。故人身雖假卻可「借假修真，去蕪存菁」。修行法門雖多，但合於個人因緣，選對方向及方法，以不妨礙他人，不傷天害理，一心持恆不懈堅守走自己的路，不需在乎他人議論。俗曰：是非審之於己，毀譽聽之於人，得失安之於數。做好當下的「格局」，期許美好的「結局」。提供行者參考！

「斯至道賴以不沒，即心學得長明焉」。這兩句為「心篇」之總結。《中庸》：「道不遠人，人之為而遠之，不可以為道」。魚相忘於江湖，人相忘乎道術。魚在水中悠游不會特別注意牠是生存在水中，甚至根本不知道有水的存在，就如人活在空氣中。人本來就活在「道」中，不必去求。真正悟道之行者應忘卻自己有道，若然還執於道貌岸然，外表儼然充滿道象道氣，那是因為未臻「相忘」之境，未究竟故無法深悟「至道與心學」為何？子曰：無事而生定。「儒曰定，釋曰空，道曰無」皆如出一轍。「定、空、無」並非什麼都沒有或不做，只是教人莫執著。首要做到「於心無事」，大事化小，小事化無，無事則無罣礙，此為初階。進一步為「於事無心」，修行人要能「入世」服務人群，同時也服務自己，內心深處不執於事相，做到「事來則應，事去則靜」才是真功夫！《金剛經》：「無所住而生其心」即是！

心學即道學，心道俱全能由一人普傳眾人，則「至道」當源遠流長於世，常明不迷也。

《壇經》偈曰：

菩提只向心覓　何勞向外求玄

聽說依此修行　天堂只在眼前

性命篇

一 性源

兩大會宗三元一，先判五行而定位，後配八卦以成能，儀象未生天地根。理存混沌源至眞，形質既降離本眞，化補先天陰助陽，元本相合假相離。眞元不固漸不純。

性源即萬物性命之根源。大道無形生育天地，天覆地載之萬物其自性皆源於道。凡有色相，莫不有性，即莫不含道。故性源即道也！兩大即天地。天以寂然至一之靈駕馭清輕運轉之氣。地以靜安之靈化出豐潤之精氣，以此柔和之精氣上騰應接靈陽下降清輕之氣而成一太極，萬物之初皆由此而生，即兩大會宗之義。三元者即「元神、元氣、元精」。元神為先天寂然真一之靈性，元氣為後天清淑運轉之真氣，元神與元氣相交運而成萬物能生之本，即為元精。人身俱足此三元，合一則返歸性命之根源。人生之初只渾然一炁，陰陽判則有心脈，後產出「金、水、木、火、土」五行分鎮各宮。八卦在天地即「乾、坤、坎、離、巽、震、艮、兌」。在人體五行於五臟各宮定位後，而生成之「天卦、地卦、胸卦、背卦、手腳掌四卦」。八卦俱全方能脫離母體以成人。「儀」指兩儀，乾坤之意。「象」者指四象，即巽震艮兌。乾坤未闢之初，性命只是一點靈陽，混混沌沌，在人則為先天性命之根蒂，此真靈無智亦無得，似無作用卻能生萬法。道經曰：道不自生然能生萬物即此意。當此先天性命落入後天，有了形質便遠離了自性的純潔。後天血肉之軀為形，先天元神為質。及至十六滿受紅塵物誘，七情六欲俱足。經曰：人神好清而心擾之。寂然之元神一部份便化為識神，致五行離了本真，陰陽顛倒。故欲返真實無妄之體，必假後天陰濁之軀用功以復其初。修行之法可參閱前文「清靜功修離塵濁，能化實以誠為本」諸章節。

大順莫符天地泰，雷風難調借為用，電火飛揚元神奔。玉露飄空陰和伏，月光沉墜命中性，斗樞動轉陽還升，神龍搖首到天池。靈龜噴浪兩相合，活虎輕蹤步南極，彩鳳流音朝神宮。

覺者曰：「順天為人，逆天為道」。順者順應天時，守人倫重人貴生，不離人道。逆者逆思，知人道無常返本歸源方為真道。這是一種選擇，欲為人者則順天，欲歸真者則逆天，捨去人道放下煩惱得清靜自在，符應性命之初而臻「天地泰」之象。雷風難調指陰陽失衡，此皆因人之情慾所牽致元神為識神所破。元神不得護守如電火飛揚，即文中僭為用之意。玉露指真陰之水，陽剛之電火得此真陰之水調合，自然安定不發。太上曰：「常能遣其欲而神自清，自然六欲不生，三毒消滅」。同其意也！

月光指先天「性」，先天真陽落入後天至陰，便被後天的「命」包孕其中，如太極圖陰中一點陽，又好比月光沉沒於水中，這便是「命中性」。人因起心動念而落入後天，經善知識指引，若選擇了逆天歸真，則應立志啟動渾然誠一無妄之真意，煉神還虛，煉到一點真陽「圓通光照」，有朝功成圓滿則發而升騰，恰如明月當空。俗曰：陽神出竅即是此景。此光景必經自身勤修實踐，方能領悟箇中妙境，非筆墨可形容。神龍指人之元神真火，龜指人之真陰。靈龜則喻陰中一點陽。龍與龜乃比喻自然界之變化，在人身亦然。比方說：神龍為陽光熱能，靈龜是地上水源，陽光照射水源而蒸發上騰成「雲」，雲應緣轉化為雨以供養群生。人因終日追逐名利，元神馳騁外縱，神不守舍致陰水洩而不固。修行人應注重「性命」雙修，身健方能修心，才能做到「元神守舍」盡其本份，終使陰陽水火兩和合。彩鳳喻人之元神真火，活虎喻人之真陰。南極於卦象中為離明火德之位。喻人之真陰易沉難升，唯有保守真陽充足，真陰之水方能化濁成清，一如爐火熾壺中之水才能升騰。然而火勢應依序增溫，即文中「輕蹄步南極」。故知彩鳳與活虎乃喻性命交合之意。

樹種中州終成果，採芝北岸蘊蓄香，落在冥忘如膠漆，反歸潛寂帷內燈。理玄至奧共採源，道非可離當索解，五常迭運性體流，六氣安和性光發。

自古修道者眾得道者稀，雖曰無恆，然對經文之強猜曲解亦是一大因素。中州指中土脾胃而言，亦為人之中宮，或為黃庭。經曰：「土能生萬物，萬物還歸土，戊己合陰陽，中宮自有主」。道乃浩然正氣歸納於中，行者能允執厥中，自然可唯精唯一。待中宮果成便知其中千變萬化，看似無實是有，皆因純陰之體得了一點真陽，陽盛陰衰，所生之動靜無非是陰陽交替而已。覺者曰：「恍恍惚惚其中有物，杳杳冥冥其中有精」。此真陽為人身之「命寶」，即文中「採芝」之意。亦即「性命」化二為一之景象，契合無間如膠似漆相合不可分，在此當下七情六欲皆無，無思無慮返歸潛寂。偈曰：「我心如燈籠，點火內外紅，有物可比擬，明朝日出東」。太上曰：「人能常清靜，天地悉皆歸」，亦同此意。

《道德經》：「常無，欲以觀其妙（玄），常有，欲以觀其徼（理）」。故「理與玄」乃是「道」之一體兩面。然而兩句皆見一「觀」字。行者於靜觀中可分「觀照、照住、照見」三階段。首要打開「觀照」這道大門（戒）。次為持恆「照住」（定）。功夫成熟即「照見」五蘊皆空（慧）。當下便是「千年暗室一燈明」，照見「理玄」乃是一，照見五常迭運之相生相剋，相互扶濟，六氣靈機之收發，安與惱，都是由自性本體所顯發。能持恆寧靜而致遠，靈性自可醒覺昇華，漸漸步向永恆。未達者皆因未能深究索解性源也。故子曰：「道不遠人，人之為道而遠人，不可以為道」。

枝葉繁茂自性出，涓滴湧決悟本源，沖虛巖谷靈可應，冥漠玄黃天地竅。去有象而歸無形，則大象依然如覩，從至變而參不動，百變不易於厥中，物物皆同人獨備，層層反轉入聖眞。

人有靈，植有菁，水有源，天地有竅。文中「自性、本源、靈、天地竅」皆同一意涵，即「性源」之意。樹之根核本存先天性源，因緣聚合則自然相應產出無窮之妙用，生化不止，故五岔同源皆由本真而生。水有源致其川流不息，大至江河小至泉流，無非皆由其本源而發。空谷回音如洪鐘，必俱虛空清靜之體，靈方能居之，當有聲響隨即回應，迴盪不已，此虛靈視之不見卻能生萬法。天地之大竅亦然，看似空無，而其中未能見者，如空氣、光電波即不知凡幾，卻可將各類訊息傳達千萬里。前文所指乃後天有形象之物，其用意在說明後天萬物均由先天「性源」所出。性源為隱體，萬物為顯用。修行者學習從後天顯用處，反歸於先天隱體，謹守萬有之真靈，此真靈即是前文所言「真空妙有」，人之肉眼雖未能見，而其存在卻是「真實不虛」。行者「煉精化氣，煉氣化神」若未至「煉神還虛」，於此分際的一切思想行為，與外在萬物的動靜起落，生滅變易，仍有識神參合，未究竟也！必須經年曠日再淨化至「元神還虛」之境。不以物象擾亂感官即「外觀其形，形無其形」，不以感官牽動元神即「內觀其心，心無其心」。一切以平等心，真誠不偏中道心。含藏於「自性」，從「有為」漸漸化成「無為」的虛境，即是文中「參不動及於厥中」之解。萬物皆感於「性源」一炁之能而生。人為萬物之靈，獨俱陰陽五行，五臟三關，三元備足，與天地無異。其餘生物則無此齊備，故人欲修返先天性源較易於其他生物。惜人因落入後天，受環境種種物欲牽引，久之便成了識神當家，認假為真落入迷陣。因其軀體所具備之本能未失，故可借由修心返本。《曾子》：「物有本末，事有始終，知所先後，則近道矣！」人若立志於修持之道，首要把真假分清，按部就班，放下名利富貴，將心學之要旨究明，進而參究到元神如如不動，命竅若有若無，層層進階持恆不懈，久之功候成熟即臻上境。覺者曰：「阿耨多羅三藐三菩提」，即成聖真之意。

性道之微數言括，配天之學亙古常，破卻雜眞道內尋。不迷偽學性自明，聖賢可達性命修，命基渾然依元精，眞息周流根蒂固。煅煉三關而鼓鑄，調合六和之恩波，分清別濁天一歸，盈歉靡定眞陽降。

真人曰：「心外求經路便差，水中月影鏡中花，真如妙意君知否？七寶莊嚴總欠佳」。道向心內求，身外求法萬般空。好比水中影與鏡中花，終不可得。唯有本性是真實永恆，諸君可知道嗎？七寶即金銀財寶等各類身外之物，即使擁有再多亦非自身本有，勿聽信怪力亂神，勿迷信神蹟，打破雜真偽學之迷思，不為所染。久之心定則不惑，不惑則神清性明。性道之精微，自先天隱體因起心動念到落入後天顯用為命。又自後天之命修造返歸先天性源，更覺性道之幽深不可測。修行雖說有八萬四千法門，然而萬法不離其宗，殊途同歸也！為學之道當以個人所用能相應且得著者為真。誦經萬遍若不知「轉心」只知「轉經」，則恰如「讀書不見聖賢，如鉛槧庸」。此乃亙古不變之至理。俗曰：修性不修命，修行第一病。唯「性命雙修」方得圓滿成就。《心印妙經》：「上藥三品，神與氣精」。神即先天「性」，氣與精即後天「命」。命基者即人秉天地之氣凝聚於人身中之「元精」，此元精與元神是為先天「水火」，兩者相互依存運作，體內之真息方得周流無滯。人於後天受「近朱者赤，近墨者黑」之因由，識神漸作主，七情六欲繁生，元精逐化為後天之濁精，加以口欲不節，日食陰濁之物，致元精命基受損，修行者知此則應以改正生活作息及飲食習慣，轉念為首要，逐步減少物欲，莫再使元精為百邪所耗散。從下宮「精」關煉起，早晚靜坐，以「反省、認錯、改過」為手段。待修持鍛煉功夫成熟，元精便與中宮「氣」合為一時，即是

「煉精化氣」，精氣周流百骸無有止息，猶如天地間之氣自然流動，動靜鼓鑄，非人為之「以意導氣」，閩南語：「無心卡贏有心。」亦即《陰陽動靜訣》——「百脈自調莫思量」之境。行者有否達到精氣合一，可輕觸膻中穴下方有無「氣胎」。然而這只是修煉過程，不可執其象。此階段之氣胎仍是後天之陰物，故必在此關頭「分清別濁，無量度生」，待功行圓滿，即達「煉氣化神」三元合一。自然元精耿耿，身體少疾，此即修命，亦是後天「識神」復初之地。識神是在人體大腦中形成的，是可以控制人體行為的意識體，人自有生命的過程中，累積了各種資訊與知識，與大腦的感應力相互複製演化，隨著訊息的不斷增加，最終與大腦機能合成了具有分辨功能，又可控制身體各項功能的意識體，即是「識神」。元神者，無思無慮，來自於自然界，無聲、光、形、影，寂然不動，在虛空界是一股能量體，進入人體則稱之為「元神」，亦稱為「炁」。是人體能量的「根」。先天元神與後天識神同出入於上宮神室。可參閱前文「無礙心」：「人身內有靈谷焉，太陽出入於其間，神龍隱約乎其下」之註述，在此不再贅言。接著在上宮「靈谷」行「煉神還虛」，於行、住、坐、臥皆以「存無守有」為法。「存無」即是常存先天「炁」之清靜致虛，如如不動，湛然常寂無起心動念，行者必先存其無方能守其有。「守有」即是守恍惚杳冥中的精與象，心息相依，非肉眼可見之有，守真空之妙「有」也！守有同時也是守此三元合一之識神，不使退轉，配合陽壽未盡之軀與未了之願持續修己度生，和光同塵，外化內不化，乘物以遊心。一旦「捨報」，後天識神自然消退，先天元神則回歸「性源」。此即文中「性命雙修，煆煉三關」之簡要。以上分享雖是個人心得，實際是「內在經驗」。大「道」雖不可言說，可言非道，然而「未悟須憑言說，悟了言說皆非」。即釋迦牟尼佛在靈鷲山傳法給迦葉尊者，曰：「吾有正法眼藏，涅槃妙心，實相無相，微妙法門付囑摩訶迦葉」。傳的是「以心印心，心心相印」不立文字言說之法。禪也！此即是拈花微笑之公案。

剛柔成配對之能，動靜司化行之本，陰蓄眞陽騰而上，南宮收藏玉兔生。高高下下百脈和，飄飄忽忽循環續，任寒暑之時轉移，眞元內固禦邪濁。先天眞元長生⿱⿰自家水，太極全歸道不滅，持循失實昧不明，細微剖晰杜歧趨。

承前文：剛者金也，主氣，為先天之元氣。柔者水也，為先天之元精。因初俱人身尚未受後天識神牽擾成濁精濁氣，故曰先天精氣。然而受識神日盛而化為後天汙濁之精氣，剛柔逐不能相濟，失去配對之本能。如前文：必經「煉精化氣」，精與氣合於中宮，在此化濁為清，層層運轉，靜極生動，動極返靜，陰陽互換，與天地真一之機、日出日落、四時轉換皆同理也！於人之內景百脈雖已歸根，然而此階段仍處後天。續「煉氣化神」將伏於陰中之一點靈陽化騰至上宮神室。好比植物之種子於土中，待條件成熟自然破土而出，向陽而生。

南宮指離明之宮，人心也。人之心神藏於此，必嚴守不使外馳，神方得「定」。神定則先天元精還矣！即去濁存清修性以固其命根。元精清輕明潔上騰，即文中「玉兔生」之意。繼而精氣神三元合一，隨自然之天機上下飄巡，高下騰落無邊無疆，此乃先天真元周行所致，非人意妄動，此真元非肉眼能見，即太上曰：「孔德之容，惟道是從。道之為物，惟恍惟惚。惚兮恍兮，其中有象；恍兮惚兮，其中有物。窈兮冥兮，其中有精；其精甚真，其中有信。自今及古，其名不去，以閱眾甫。吾何以知眾甫之狀哉？以此。」此中的信、象、物、精為名相，並不等同於道，只是對道的一種形容。俗曰：行行出狀元，故每個行業都可以證道，並非每日打坐才是道，行住坐臥都是道，道只憑實證而得。比如（賣油翁）他也得道了。有無臻此境界則因人而異，與所從事的門徑無關。亦即：為學之道以個人所用而得著者為「真」，這個真就是「道」。這個道即是文中的「先天真元長生𩚨」，非身外之藥。此𩚨貞固安泰，任憑四時寒暑變遷或癘毒濁氣，於人身皆不受其傷害，任其自生自滅。長生籙者「炁」先天真元即是。《太上》曰：「死而不亡者壽」；《心經》：「不生不滅，不增不減」，指的即是先天精氣，亦即文中「道不滅」之意。道生陰陽成後天萬物。從太極圖中便可了解「混沌」未分之初是一，一分為二則成太極，致萬物生化。人由後天經修煉達陰陽合一則返歸「性源」——道，佛曰：「一真法界」亦此意。行者若只知修行之名而不諳修持之實，不知以性命雙修為要旨，即使聰明過人，讀書萬卷亦難辨別真假，必尋善知識，持恆精進為上策。莫投機取巧，途聽雜說為旁門所惑，致終身執迷不悟。前文篇內言「命」必究乎命之根蒂，以及從何修煉而還元。言「性」必究性之真諦及性從何修方歸性源。本末始終無不剖之詳細。方期將旁門外道杜而絕之，以免貽害後學。

復完賦畀近安祥，究之性者命之本，元性定則命可修，命基立而性始盡。性中命生發無窮，命裡性回旋靡既，盈虛消長互為根，剝復升沉迭相用。神氣相抱百脈皈，抱元守一希夷門，煉⿱⿰自家水成丹化有無，天地秘機人妙諦。

此節為「性源篇」之總結。對性與命續作覆論詳申以啟後學。假若將先天「靈性」比作「電能」，肉眼雖不能見但卻可生萬法。後天「生命」比作所有的電器用品，用品若無電則無以運作，然而電能若無用品則無以「顯」。故《太上》曰：「大道無形，長養萬物」即此意。亦文中：「性者命之本，命基立而性始盡」，性命雙修可視為神形共修，人的生命實際上是由無形的「精神性命」和有形的「生理生命」所合成，緊密融合不可分。性與命交織互為其根，乃是秉承了天地四元素之助緣而成能量，萬物皆同。這個能量分秒循行於人體內外，剛健不屈卻內含柔順，自然調和，即身篇「火得水燕飛上下，水得火鵝行往來」。離卦「日月麗乎天，百穀草木麗乎土，重明以麗乎正，乃化成天下」，比喻的更貼切。一陰一陽之謂道，天地間陰陽兩氣與萬物無異。如日出時為陽長陰消，日落則為陰盈陽虛，陰極生陽，陽極生陰，相互交遷互為其根，自然界之四季轉換於人體亦復如是。凌晨三時至上午九時為春，上午九時至下午三時為夏，下午三時至晚間九時為秋，晚間九時至凌晨三時為冬。如此交相循行陽升陰沉，陰升陽降。即文中「剝復升沉迭相用」。故人以「冬藏」為最佳睡眠時間。

神氣相抱者，即「煉精化氣」將濁精煉化成清，於中宮與氣相合續煉神盈精足。此雖為固命，卻是修性之基石。「性」如何修？「溫養」也。將已固之命基（氣）與元神融合。「溫」乃持恆且不可操之過急，必先守住陰陽兩氣進退有序。「養」是抱持信念與熱誠，一切順其自然不做作，否則便成了「揠苗助長」。溫養是「煉氣化神」過程中的一項功夫，如孕婦懷胎只可溫補養胎，若過份熱補則生燥，胎兒出生後成了內毒閉結。「修性」首先要固守煉精化氣與煉氣化神的小成果不使退轉。化「神」即是大腦中的「思維能量」已開發。當這個「神」的能量啟動運作後，行者自可體會何為「陰陽與動靜」？故而修煉「陰陽動靜訣」有助於性命雙修。煉到此階段雖屬不易，然仍屬後天，文中「神氣相抱百脈皈」，亦即開經偈：百脈歸和身之原。

何謂希夷門？《道德經》：「視之不見名曰夷，聽之不聞名曰希，搏之不得名曰微」，此即「希夷門」。自古由凡入聖，成真證道之行者，無不由此門而得，捨此皆外道邪徑。何謂抱元守一？偈曰：「天守一則清，地守一則寧，人守一則靈，一者萬物之本，子知一，萬事畢矣」。「一」者道之根，氣之始也。「抱元守一」即是精、氣、神三寶合一，行者能守此「合一」之神靈，即為「煉神還虛」之境界。守一之法如「母雞孵蛋」，持恆溫養，直至究竟。知此者則能悟得「身篇」：「心靜審炁恍然見」。道家煉精化氣為「人花」，煉氣化神為「地花」，煉神還虛為「天花」，即「三花（華）聚頂」之意。

三寶歸一即是道。太上曰：「吾不知其名，強名曰道」。換個講法不如說「道」是「生命的本質」。當把後天一切有形煉化成「無」的現象即是。《聖文經》：「存陰陽，拘天地，化陽陰，炁永存」。抱守此「生命本質」為唯一，餘皆視而不見，聽而不聞，無驚無恐，無執無著，遠離顛倒夢想。如此，瞬間即覓得「希夷門」矣！

人乃至萬物皆齊賦於天地之靈氣及四元素之助緣而生。此中玄微奧妙即天地秘密之妙機，無人能知，然而賦於人身中，此秘機則為妙諦，人能盡此妙諦自然就合天地之理而返歸「性源」。《華嚴經》：「不忘初心，方得始終」。修行人要堅守本分和守住最初那無善無惡「至善之心念」，方能成就願力圓滿人生！

「初心」為我們提供了持恆努力的能源。在人生的旅途中不致迷茫徬徨，不忘使命及來路與歸宿。人生過程難免有煩惱得失種種障礙，只要「不忘初心」學習放下，則「必得始終」。人走錯路就應該回頭，筆者不惑之年因「不忘初心」而選擇了「道醫」這條路，過程雖有挫折，因「始終」不忘「初心」，即能產生動力。蒙各方助緣及鼓勵，堅持不懈，點燃心中那盞明燈，照亮遠方，大步向前。如同一個圓圈，始點即是終點，這個圓圈叫「無極」，也就是「性源」，此即人妙諦！

性命篇

二　修性

金丹大道天地機，白雪奇功允神仙。旁門邪術偽雜真，修性復命正道行。沉光既能返靈舍，枯樹亦可回春榮。得法修持貴宏願，功成則騰雲白晝。肆言謗毀大道迂，罪滿則囚鎖烏沙。靡輕授受古至今，承恩敕命始傳宣。

何謂修性？為何要修性？人之性命原本純潔無待於修，人之初，性本善也！然而自有形質，陰陽分為兩途，因識神紛擾致諸多七情六欲不斷，原清純者受汙染，欲去濁存清達「三寶皈一性命圓」者，則必尋逆修之道。「丹」者即前文「三華聚頂」所凝成之真靈。此真靈可以續命脫化，妙用無窮。絕非以金、石、草、木所燒煉成之丹丸，此皆旁門外道，以訛偽真之邪說。故《玉皇心印妙經》：「得丹則靈，不得則傾」，即是此意。「金」為陽數，即性命合一之謂。神仙者指行者將萬般塵緣放下，無執於一切物欲及外相，將元神煉得不生不滅，如白雪生輝，以形容「自性」之圓明皎潔。儒家以「定、靜、安、慮、得」為入門，得道者稱「聖」。釋家以「戒、定、慧」為法，覺悟者即「佛」。道家以煉「精、氣、神」三寶合一為手段，證道者曰「仙」。各家法門雖異，實乃殊途同歸，皆是「金丹大道」之意。喻行者經由修煉由迷返覺之謂。今由「四百字真義」中，取部份以供學者參悟。

《金丹訣》

眞意發眞知，靈知也自應。三家合一家，倏爾身心定。
虛室卻生光，靜中又復陽。採來勤鍛煉，化就紫金霜。
靈竅慧光生，性現塵情滅。朗朗夜明珠，無處不皎潔。
噪性化眞性，人心變道心。若非神火鍛，礦裡怎分金？

修持指修行者要持恆，且貴在立志。得法是「知」，修持是「行」，能知行合一，效法活魚逆游之精神，百折不撓，一旦內功外果圓成，金丹即如明珠生光，與日月同輝。

人生之路取決於個人之因緣，各行其道即是，可以不信真理，但切莫批評毀謗他人行正道，成為迂腐無知之徒。俗曰：種豆得豆，種瓜得瓜。故人可以無任何信仰，卻不能不信因果。切莫傷害自己的靈性而不自知。

太上曰：「上士聞道，勤而行之；中士聞道，若存若亡；下士聞道，大笑之。不笑，不足以為道」。自古至今聞道者眾，行道證道者稀矣！得道者雖欲將修行心得分享予眾人，卻不易為人所接受，除非夙根慧業深厚者，只要輕為點撥即可通達，即是此因。真人曰：「廣渡有緣雖是本願，然而也不敢貿然將天地秘機輕洩。因逢諸天大聖真宰會同奏議，故玉旨特恩敕命吾，將先天大道之精微，修持之要旨大開指示以渡眾生，吾故作此經書」。方始流佈廣傳。

世上緣人尋正學，不辭曲折反覆申。反本窮源眞靈覓，陰陽未判天地一。炎上潤下水火成，分居南北坎離象。

俗曰：天雨雖大，不潤無根之草；佛法無邊，難渡無緣之人。佛即覺者，佛法乃覺者指導緣人破迷開悟之法，與宗教有別。佛法並非異術，覺者亦非萬能。一不能承擔眾生因果，二不能渡無緣之人，三不能渡不信之人。世上俱夙慧之緣人皆因塵障而迷失本真，若不遇覺者指引，將失此慧根，永失真道。故真人方不辭勞苦，反覆詳論，把先天大道修身之正宗，傾囊盡書其理，無一理法不作詳解剖析，行諄諄教誨，期諸緣人得以循此性命正學修持。依「信解行證」尋得性源真靈，成真證道。

陰陽為二，天地未生之前為一。以道經上的名稱叫做「混沌」。形容宇宙形成之前「氣、形、質」三者渾然一體，尚未分的迷濛狀態，是古代人對虛無觀念一種未知的表達。天地有形，陰陽未判前則為無形，故曰：有生於無。若以現代科學的觀點，混沌是物理的演化過程，其演化並無一定模式，比如天氣變化「氣溫、氣壓、風速、風向」等都不可能完全一致。雞蛋是一混沌，人於母胎也是一混沌，故其演化的結果與初始的條件息息相關。

以卦象所示，北坎為水，南離為火。人於母胎乃是水上火下，自離母體由先天落入後天，即成火炎上於絳宮，水潤下於坎宮。其目的在論述人身有形之水火，乃是先天所化成。行者必先究明此性命之學，方有助於修性復命之妙訣。下文即為修持之妙機。

二七騰光似流星，夏至之陰奚萌起，一六流潤逆浪洄，冬至之陽自生騰，澄目觀空首煉己，波裡明月堪玩賞，凝神入室守真元，檻邊花放莫折撓，先施神手撥浮雲，方期月明性光照，繼把靈鞭驅毒蜥，花紅初放增豔色，玩月觀花性光奕，煉石補天內造化。

河圖是古代對天象的觀測所繪成。根據自然數及五行之原則配對，得「二七同道為火，一六共宗為水」。二七騰光即離明之火，在人則是指元神。太上曰：「夫人神好清而心擾之」。即是指元神本是清靜，因諸多欲望致後天識神烈火生動，元神隨之俱動，如兩根電源線，負電碰觸正電即星火飛揚。靜修者此際需運用中宮之真意，強伏後天識神，元神陽火方下降，飛揚之火星即似流星般直降，陰陽自然交會。無異於時序夏至之真陰生起，命基方固。《河圖》：「天一生水地六成之」。先天之水逐化為後天濁水，由先天落入後天則有形質有生有滅，兼以人心日耗於物欲，百端邪緣紛至，識神與情思相投，太上曰：「降本流末而生萬物」即指此。行者必放下種種情欲，不使真陰為邪火所蒸。持恆放下，只待元神之火與之相交會，即化作清流上行，如江中之逆浪洄瀾。陰極而生陽，如時序中冬至一陽初生，此即命裡修性也！

經曰：「煉己者內觀其心，心無其心，外觀其物，物無其物，心物俱空則一念不生，萬緣頓息了。」此階段於閉目溫養中得知迴光返照，萬法歸一。以此下手工夫行持，久之自然恍恍惚惚，知其中有物，然而搏之不得，強名曰「道」。煉己妙道無窮，允執厥中，唯精唯一，自性圓明。於無中生有，於有中則通於道，此有乃是無中之有，此道非向外求，凡人身中俱有。佛曰：「如來」即是！文中水波比喻生命之短暫，「明月」指自性而言。人之生命是「當處出生，隨處滅盡」。故要掌握難得人生，心置一處，身亦置一處，活在每個當下。於溫養中，當無中生「有」時，所現之境即「觀自在」，應知守此清靜，凝神內斂於密室以守護真元。若不慎受外邪浸入，破散內景之真機，則前之「煉精化氣，煉氣化神」便前功盡棄了！於性命復初時，此守護之功尤為重要，若有閃失，失之則易，復之則難。恰似「創業惟艱，守成更難」。「檻邊花放」比喻：「元神」性光圓明，必勤加守護，首要杜絕無謂之雜務，並落實「為道日損」。「浮雲」指後天識神，「明月」喻元神，唯有撥散浮雲，自性元神方能如明月當空，普照大地。以此守成之功夫，為下一階段「煉神還虛」做根基。

凡人皆有三性，一天性，二秉性，三習性。天性乃清靜無為，無善惡分別，即止於至善之性。天性中混雜了累世習性為秉性。習性則為此生因「近朱者赤，近墨則黑」所染著之習氣。秉性與習性中所含藏皆為「貪、嗔、痴」三毒。即文中「毒蜥」之意。天性不清則不明，天性欲清必先去私欲。秉性不化不能正，欲化秉性則先去我執。習性不除無以見性，欲除習性應先去不良嗜好。修行之目的即是將累世之「秉性」及今世之「習性」修除，直至「止於至善」之天性顯露，三毒潛消，則內景明朗。天性如綻放之花朵，圓融淨化。修行之士功夫到此，內景自生無窮法喜，意趣橫生，當可體悟「今人不見古時月，今月曾經照古人」為何？此即文中「玩月觀花性光奕」為之解。於此便性命皆固矣！其功修之巧妙，造物之神奇，堪比煉石補天，然非神話中之「女媧煉石補天」，而是煉化「秉性與習性」，補天性之所失。

三尸剿滅定靜得，陰陽交接纏綿交，逆轉順行七羅全，金精初還遊帝境。木母攜魂返中宮，老馬卸鞍何絆足，狡兔營窟忌啓毛，三秀神君製天錦，六通居士懷帝圭，化作明珠時收放，護以慧劍常定安，百日功靈九載成。

真人再再覆論詳申，為助後學得以悉達原委。偈曰：「陰裡有真陽，陽裡有真陰，陰陽玄妙理，云無所住心」。先天真陽（性）與後天真陰（命）交接纏綿固不可分，由太極圖中即一目了然。此節乃主述如何去「三尸」中之識神，以達煉神還虛。三尸者即人身內「上、中、下」三關之識神，以佛家言則為「貪、嗔、癡」三毒所在之處。

（一）上關識神在頭部（貪），專司眼、耳、口、鼻之欲。

（二）中關識神在心（嗔），司名利爭奪，見權貴即高攀，見貧賤就嫌棄，凡不如己意即生怨氣，久之元神渙散，易得心疾。

（三）下關識神在腹（癡），好淫欲，喜說謊耍小聰明，欺瞞奸巧，對人之先天真元為害極大，往往多病短命。

簡言之，三尸即「好吃、好鬥、好色」。此皆凡人之習性，修行者應予去除。可藉由佛家「戒定慧」三學，儒學「定靜安」，道法「清靜無為」對治，選一即可。行者雖未能一蹴可及，然而只要循序漸進，親近善知識，持之以恆，慎守元精不耗散，元氣不損傷，元神不動搖，久之則體內之「寒氣、熱氣、怒氣、恚氣、喜氣、憂氣、愁氣」便消失殆盡。肝魂安，心火定，化濁成清，三毒消滅，心無罣礙，真炁清明自然順逆無滯，五氣朝元，此景好比天堂仙境，乃是喻言。

覺者曰：「無上正等正覺」。道曰：「無無亦無，湛然常寂」。故知「聖賢可達，無背此功」矣！

修行之士依前文所述，經由「煉精化氣，煉氣化神」勤修實煉並已證得「元精、元氣、元神」三寶合一於一身者，稱之為三秀神君。臻此境者可以元神運乎元氣，以元氣運轉元精，又以元精與元氣合運，增益元神光采，三者相互資益，所生之氣質如天上雲錦燦爛，故曰：「製天錦」。居士乃是對在家修行者的稱呼，統稱在家眾。經文中「六通」即佛家指的「神境通，天眼通，天耳通，他心通，宿命通，漏盡通」。修行者修得六根清淨，三毒消滅，六神皆通則空靈透悉，百竅通明無礙，所結之真靈如圭璧無瑕，無異帝懷寶圭，此乃比喻真靈之明潔。真靈潔後方能光照無礙，如明珠之光耀。佛家曰：舍利。此明珠放之則光照三千世界，即俗云：陽神出竅。收之則光歛內藏若一粟，經曰：「一粒粟中藏世界」即此義。修煉至此已近「煉神還虛」之境，恐初期仍欠堅固，未能如來如去，故須憑大慧作劍護之，期於自在境中處之常安常定。

常言道：行百里路半九十，至此修行之路仍未究竟，故要立志「百日築基」。「百日」非指一百日，而是日日觀照，常覺不迷，堅定恆心，善養浩然正氣。「九載」亦非九年，而是長久之意。

偈曰：「百尺竿頭不動人，雖然得入未為真，百丈竿頭須進步，十方世界是全身」。意思是修行者的造詣雖然高超，但仍要求精進，不可自傲自足，再如何神通仍然是「肉身」而非「全身」，全身即不生不滅之法身。須堅守「百日築基，九載煉己」時刻養育真靈。「不忘初心，方得始終」。有朝覺行圓滿，肉身便化為法身，修行才算究竟！

勞形謬學何歸本，服氣餐霞終離道，萬法尋王賅兩字，十真歸本統一元，自古真傳妙諦一，持恆不輟脫凡塵。

玄篇種種說陰陽，兩字名為萬法王。陰陽兩字指先天真「陽」與後天真「陰」為修行萬法之王，「性命」也！十真者即天地所賦於人之「五行、二氣、三寶」。行者修性復命最終即是「十真」與「性命」回歸於「真一」無極上境。除此外，萬法皆旁門外道。如世間有迷信謬妄之人，不知天地元精十真於初生時已賦於人。卻於清晨向太陽升起之方向吸氣吐納，也有到山間野郊無人之處去吸那雲霧煙霞，說是可得天地間的元精元氣，以成真證道。殊不知吸附了外靈而中邪者卻不自知。筆者亦曾涉此歧途，後經恩師開釋：「此為身外法，已離道遠矣，絕不可信假為真」。自此方知真道自身俱足，若身外求法恰似竹籃子打水，到頭一場空。

「性命」之學自古聖哲仙師，持願渡眾之法門多記載於經典，也有口耳相授者，不勝枚舉。然而因時代不同，地域及言語上的差異，造成文詞產生了差別，雖然出現種種爭論，唯其「真傳妙諦」只「信、解、行、證」一法而已。覺者引進門，修行在個人。當在過程中細心去探索尋找適合自己的模式，絕不可誤信：「怪力亂神」能助你「即刻開悟，當下解脫」。只要你一相信就立刻上當了！求人不如求己，法誠守正，奉行「仙何人也，佛何人也，有恆者亦若是」。則人人皆可「成真證道」超脫凡塵矣！

內果圓成外功培，山巔散佚自了漢，水湄謫居功德無，樹精石怪氣盡輪，煞帥遊魂炎消迴，內外雙修歸無上，法財兩施煉金剛，濟人利物無量施，福慧雙全天地合。

內果圓成指「修己」，外功培即「度人」。修己與度人兩者並行為上策。

「修己」：

（一）悟道——透過經教與學習，看破「無明」。於「行住坐臥」中隨時自我反省覺察，開拓光明人生，進一步找回清靜自在的「真我」。

（二）行道——坐而思不如起而行。在行為上是「教學」，利人利己，實際上是自我教育與學習。授業解惑同時亦是自我解惑。

（三）傳道——借「悟道與行道」而透徹「道法不滅」乃是建立在「人心無私」的基礎上。覺者數千年以降，代代相傳，承先啟後，諄諄教誨，克盡己任才有今天的我們。

（四）證道——「信」其理，信為功德母能長養一切善根。「解」其義，深入義理才能尋出行之方向。「行」其法，行必依正法不依人，方不為所惑。「證」其道，印證「信解行」之結果是否有誤？才不致偏離正道，進一步便是觀照「心息與自然界」相應否？

（五）成道——成道並非只自身解脫，而是濟人利物無量施，以助人為成道之本。覺者曰：「慈航普渡，同登彼岸」，一語道盡。

「渡人」：

（一）財布施，俗云：種豆得豆，種瓜得瓜。財布施乃是種財，不論今生或來世必得福報，因為「福」是種出來的。但不可有求回報的心，方是無為。

（二）法布施，傳道、授業、解惑。法會誦經超度，助人排除疑難皆屬法布施。秉持「心誠意正」便生智慧。

（三）無畏布施，即是發揮「人溺己溺」的精神，如「道醫調理」便是以自身「精、氣、神」助人身健，無畏於病體之寒濁。偈曰：「救苦難，出泥淵，褪寒冰，化霜涼，迎朝陽，開泰元」，此即無畏布施。

如是修己渡人，濟人利物，內外雙修者，即非「水湄山巔之自了漢」。

一旦捨報方不淪為「樹精石怪，煞帥遊魂」。

「福」是福德，「慧」是智慧。佛曰：二足尊，即是指福德與智慧兩種都圓滿尊貴之意。福德能除業障，幫助修行者開智慧。福慧雙全儼如天地合其真一。故曰：「福至心靈」也！

玄外眞玄統言下，法中妙法盡眼前，歧途昧衆齊歸覺，上乘之教免沉淪，會厥道明何幸乎？

偈曰：「大道屬玄機，徹悟終無疑，性命合一處，心與性相依」。大道視之不見，觸之不得，然而確實存在，如自然界之空氣，故曰玄。前文篇內所言性命歸本之理，修性復命之義已至玄矣。尤其「精化氣神，合一還虛」之修煉過程更是玄中之玄。元神與識神之產生及修復之法，其法實是深奧，法外又有法，雖然奧妙層出，行者苟能細心反覆推究，依法修持，久之必儼然在目。上乘之教初時以文詞契入，文字語言只是學習過程中的邏輯推理，是身外法。覺者曰：此乃「世智辯聰」非般若智慧。

所謂得道者，實無所得，只是由迷入覺而已。破迷開悟必由「觀照」入手，以「戒定慧」三學為法，持恆不輟方得回歸自然而生「般若智慧」。

凡人在世，無一能知「意外」和「明天」何者先來？未必經「生老病死」。生是偶然，老是自然，病是突然，死是必然。故人活著不該去追求燦爛的瞬間，而是要學習回歸於平淡的永恆。於二六時觀照中，「心」由外而轉入內，將有為化成無為。日復一日，年復一年，終有覺悟之日。於此境中自然能領會玄覺禪師說的：「夢裡明明有六趣，覺後空空無大千」。行者——「會厥道明何幸乎」？

性命篇

三 圓真

物有壞期歸大幻，人身虛器求至真，含靈負異炁成形，冥冥沉墜古今然，真靈圓覺聖英光，元性元命歸中宮，三寶虛靈結真身，異卻濁軀培真陽，毫光萬丈入清虛。

覺者曰：「無常，指的是後天萬物皆有生滅，無常住之意」。人看似常住，然而是相續無常，如燈火之熄滅。《龜雖壽》：「神龜雖壽，猶有竟時，騰蛇乘霧，終為土灰」。故知一切生命只是時間的長短不同而已，周期盡了便回歸自然界。活在幻化世界的人，以幻為真，又以幻生幻，永無盡期。若真了悟「人生乃幻」則「知幻即悟」。行者必須要深信一切有形質能見之物皆是有為法，如夢幻泡影，包含手中的經文，頌經、聞經都是有為法。因為知道「迷」才要學習，透過修煉，期許「一炁歸真」。六祖惠能：「迷聞經累劫，悟則剎那間」即是此意。

張載：「太虛無形，氣之本體，其聚其散，變化之客形爾」。太虛者，人無法以感官探知，不能因為不認識真相，而否定真實的存在，太虛實為氣之大本營。萬物皆生於氣，其生滅變化乃是因氣之聚散所致。氣聚則形成，氣散則形失。這個氣即是前文所述「道、炁、元神、靈、自性」等。儒曰：正氣。釋曰：舍利。耶曰：真神。回曰：一我。道曰：金丹或剛氣。說法雖異，然而此即萬物出生之初，先天地之靈炁。形未成而「靈」已寓，形既成「靈」自含其中。靈有質量，因此可證明它是「有」。故有形與無形只是人的感觸能力是否能見與未能見而已，並非空無。凡夫之所以無法感知，古今皆然，只因有生之後受識神中之三魂七魄，種種邪緣，聲色貨利，喜怒哀樂所蒙蔽，冥冥沉墜而不自知。欲返本歸真，可循前文所述「修煉」之法，除卻載體中之三魂七魄，終得三華聚頂之真身。元神在神室結成先天「炁」，如光耀無邊無滯，來去自如，此即文中「聖英光與毫光」之喻言。因為「靈炁」只是一道光！

借假修真復清明，體粹神盈功德現，篇章真意道根由，依法修持解疑惑，見明守固無二法，覆論詳申啓後學，孤陰不生合靈寶，獨陽弗長坎離交，二五精英結金剛。

覺者曰：「一切有為法，如夢幻泡影，如露亦如電，應作如是觀」。故知「胎津血液循百體，百年一逝體何存？先助其身後治心，不治心何入性命」。肉身雖是短暫存在之「假體」，然而靈性若無此載具則無所寄，亦無從修得性命合一之真靈。得此真靈者是為「初定」。於初定中仍需繼續修己，只因識田中之「習氣」未清淨，習氣即行者一生的思想行為與外在塵境產生交互作用而殘留在「阿賴耶」中。若未能察覺它的存在，則心念隨時都受牽絆，散亂不自在，進而在言行上犯錯。因此欲將習氣根除，仍然要借假體以修真。

六祖曰：「外離相即禪，內不亂即定」。於禪定中「靈性」自在清靜，於清靜中觀照「靈炁」之「般若空慧」。此階段即能預知時至，煉神還虛。到斷除一切習氣才算真正的解脫。偈曰：「來時糊塗去時迷，空在人間走一回。未曾生我誰是我？生我之後我是誰？長大成人方知我，合眼朦朧又是誰？不如不來也不去，來時歡喜去時悲」。綜合以上各篇便知：靈炁（先天）→靈性（元神）→靈魂（識神）。文中「靈寶合」即「精氣神」三寶合一之意。天地之造化不外真陽與真陰兩氣交感而成，人身亦同。陰陽即指坎水與離火，水火交濟如釜中之水與釜外之火調合烹煉，方可養育真靈。二五精英指天干為十，天數為五，地數為五。天地合為十，靈炁自然育成，如金剛之不生不滅。

陽神出舍玉貌成，始如旭日流光騰，太和充溢祥雲煥，飛形入石非凡魂。出舍騰空邪魅避，日中無影自見知，風上有輪誰窺測。

陽神者即是前文經「煉精化氣，煉氣化神，煉神還虛」回歸於太虛之「先天靈炁」，非有思慮之凡魂可比。此陽神金剛不壞，體相圓明，能飛形入石無礙，入水不溺，入火不焚，太和充溢如旭日祥雲，煥騰如電光，來去自如，俗曰：陽神出竅。出舍騰空來去自如，離卻幻體亦不用著地，飄然於空游行無礙，神光萬丈。一切陰邪、惡煞妖精鬼魅皆退避畏忌不敢近，唯恐觸及神光而消散。世人不明此理，皆言諸佛聖真憑法術以驅除邪魅，實是陰邪不敵神光，遠見便自然退避，此即邪不勝正。凡有形質之物於日光下必現其影。陽神乃是一道靈光，凡夫之肉眼不能窺見，自然無影可現。唯天眼通者可知之。然而天眼通者自身亦可陽神出舍，並能自見自知，不隨意與他人言。若凡夫自稱能見陽神出舍者，即是誑言。

風上有輪是指陽神在虛空中飄就像腳下裝了輪子，形容靈光御風，順逆皆自在而行，此在道家修行者叫「趁腳風」。〈無礙心〉篇：「雲山無隔無礙境，千里遙神行咫尺」，亦即此意！

世緣道緣和光具，人天圓明受籙符，白髮青年體真一，蒼松古柏
三華聚。即身即道身即道，形是炁成氣亦形。自強不息性功成，
得真奧旨破迷障，言到盡頭性命微，方悟乘空非濁質，煉精化炁
稱妙手，只向宿海溯清源。

師曰：「術為助道，道本天君，君道不濟，術必無依」。道醫修行者即是

以醫術為人調理身體，解除病痛，憑的是真靈內充，濟人利物，以修功立德。在紅塵的一切善行叫做「世緣」。待功行圓滿方能用此以助長「道緣」。世緣故道醫是與世人結緣，藉世緣成就道緣，與市井只為謀生之醫者有別。世緣與道緣本是相輔無分，如光之和平無分，無乖戾昏迷。人事指修己度人之功，天事即靈性之根本，修得人事與天事皆圓明，則智慧獨具，神靈清明無障，性命合一時，真靈脫出回歸虛空本體。文中「受籙符」只是形容以上情景，並非「天庭玉帝下召，授予籙符」，到天堂當神仙去了。若如此不就落入名相三途了嗎？行者切莫誤解經書中描述的天堂與地獄，所敘述的一切只是表達「因果」兩字而已。無論是青年人或白髮老人，只要立志於返歸真途而修習者，皆可成真證道，結成真靈。重要的是有無致力於「信仰、真行、功夫」，而煉就「陽神出舍」。前文「貞誠底定成於恆」即是。覺者曰：「不可說，不可說」。本來煉得三寶合一，修道有成之行者，並不輕易為人道，此為個人內在經驗，如人飲水，冷暖自知。因經文中有此句文，故必須大略交代。

何謂「即身即道身即道」？當性命合一，真靈凝固，百脈歸根後，真元運行於周身百骸，如天地一大造化，此真元稱之為「道」或「真身」皆可，故曰：「即身即道」。真身乃是先天一炁於人體內周行鼓盪，凝聚而成形，散則為氣，就如同氣球般。張載曰：「太虛無形，氣之本體，其聚其散，變化之客形爾。聚亦吾體，散亦吾體，知死之不亡者，可與言性矣」。性者，佛曰：「不生不滅，不增不減」；太上曰：「死而不亡者壽」，所指即是這個先天靈炁聚於人身則成形體，當肉身凡體幻化，靈炁便回歸太虛。此即是常言之先天「自性」也！

眾所皆知人身乃幻體，生命短暫且不真實，但其價值在於有個「玄牝之門」。深奧之生生化化，人們無法了解謂之「玄牝」。欲啟動玄牝之門是靠「谷神不死」。谷神不死是依行者守穩「上藥三品」持恆不輟。偈曰：「消除外染絕俗情，放下妄念得神明，谷神不死靈光現，玄牝門啟見性源」。何謂谷神？《道德經》：「谷神不死，是謂玄牝，玄牝之門，是謂天地根，綿綿若存，用之不勤」。修行者臻三寶合一後，首要知涵養。綿綿即細微不間斷，漸存不流失，此間不可操之過急，於日常做正當的事，存開闊的心，依長時間的積累，功行圓滿自然產生作用，如水之沸騰。不勤指不以人心的造作，一切順其自然，若「揠苗助長」則前功盡棄。故偈曰：閒時守清靜，倦了即臥眠，玄牝自在生，何勞強用勤？

天行健，君子以自強不息，三寶合一溫養至一定能量，即生出「真陽」，生化之門自開，即見得「天地根」，「性源」也！性功成矣！在此當下，行者便可聆聽宇宙的聲音，你的心靈會告訴你一些你本來就知道的事。人體本俱生化之本，造化之功與天地無異，此即真常之道，知此者方悟性命微不足道，好比水滴入海。同時也領悟到此「靈炁」駕行於空，升降進退來去自如，不生不滅，不增不減，乃是清明之氣，非後天有生滅的汙濁之氣。文中化炁指先天「靈炁」，即是後天之三元合一再與「真陽」相交感，至斷除一切習氣後，修煉元神回歸太虛本體之「炁」。「妙手」者乃形容修行者持恆堅定的「心」。從「築基、煉己、內功外果、煉神還虛」，過程非此妙手不可，其最終目的即「返本歸元」，除此無它。

金石草木毒血體，噴吐咽香雜傷陽，性命合靈道之胃，却粒求仙非正學，禁咒求真亦邪功，不求腹中乾坤締，終纏生老病苦死。苟得胸中燿華嶽，自脫危難免勞苦。

金石草木即《飧篇》中所述「動植飛潛藥繁生」，皆屬身外之陰物。藥食本同源，食用乃是為了維生所需，若取作藥用，則必對藥性深入了解，倘不諳「君臣佐使、藥理、醫理」而投藥，恐適得其反，成了毒害。修道旨在培養先天之「浩然真炁」，切莫誤解經書上所載「分清別濁」為清晨噴吐胸腹之氣為去濁，吸幾口青天之氣為得清。尤其去那人煙稀少之荒郊，所吸多

為陰濁瘴癘之氣，往往傷害自身元陽而不自知。

吐納練功可助氣血循環，促進體溫升高，增強免疫力，延年益壽有助修道。修行者當以修煉「靈性與靈魂」合一成「真靈」，方是「煉神還虛」之骨幹。文中「却粒」即「辟穀」，不食五穀之意，如時人斷食療法類同。若為身健，應向有經驗者取經。「禁咒」即道士巫師用咒語符水等為人去除邪祟之法，若為求居家平安則未嘗不可。若欲憑此「禁咒、却粒、噴吐咽吞、金石草木」等身外法，便可成真證道，實非正學，離道遠矣！尤其「禁咒」只是行者取信於人的表象，實際上驅邪除穢是靠法師平時修煉的「精神力量」，上古時代的「祝由」及道醫行者為患者移除病氣，主要也是靠這個能量，經穴是輔助，故有離穴不離經之說。《黃庭經》：「仙人道士非有神，積精累氣乃成真」即此意。文中「腹中乾坤」指人體內之太陰太陽而言。道生天地陰陽生萬物，人秉天地而生，自具天地陰陽及動靜生化之妙機而成一造化。修行人應確認天地間萬物皆有生滅，唯有「靈性」恆常。欲修性歸真者，若依上述之外術雜法為憑，則徒勞無益，不脫輪迴生老病死之苦。應以「三家相聚兩諦交」先天性命大道為依歸。修行者未得必求其得，既得自不可失之，有朝功行圓滿「靈炁」充盈胸中，好比高山聳立。當此假體未解，即樂趣無窮，一旦脫體昇騰，便無危難勞苦之災，永登極樂勝境！

總在先天一靈陽，是為未生先身處，尋把後天盡補漏，水火既濟坎離功，質列三才神氣精，何人不堪求妙道，賦同一本天地真。

《道德經》：「天下萬物生於有，有生於無」。萬物在未有形體之前僅是一點無形的「靈炁」。「無」即是「道」的本質，是「體」是萬象之根本。「有」是「用」，即萬象因緣而生滅，無一定形態。張載曰：「太虛無形，氣之本體，其聚其散，變化之客形爾，聚則成形，散則為氣」。把「有與無」是「一」不是「二」做了具體的解說。《心經》：「遠離顛倒夢想」，即是要修行者把後天之識神收聚，蓄養煅煉，致習氣化散，以正先天之真元。釋迦曾對阿難說：「阿難啊！你雖然累世學佛，對經典中的一切莊嚴妙法都能深切記憶，但尚未究竟，還不如從今起去修「無漏」法門，才能斷「無明」習氣及「憎愛」二苦」。無漏即放下所知障，清淨無罣礙，實踐「戒定慧」，出世間的「無漏法」。此即「尋把後天盡補漏」之解。「坎離」即水火，《易經》「既濟」卦：「水在火上既濟，君子以思患而豫防之」。亦即修行人功夫到「水火互濟，陰陽交締」，元神出入仍需居安思危，以防未知。「淡」者水火互濟之象。「火不上炎神自清，水不下滲精自固」。此即文中「坎離功」之真諦。三才於人身為「精氣神」，於天界為「日月星」，於地界為「水火風」。天地人三者相應且不可分。天以真一予人身為「元陽」，地以真一予人身為「真陰」。人身中之生生化化憑此運轉，成真證道亦憑此合一，在智不增，在愚不減，人人修而得之。子曰：「舜何人也？予何人也？有為者亦若是」，此即修道。故知人身中之「元陽、真陰、三才」皆源於天地真一。行者臻真靈凝結，一炁返歸虛空本體，即「賦同一本天地真」之意。

他圖孰若結眞靈，聰明志士莫自誤，眞諦妙機無邪論，圓眞大道人自求，醫道還元可參解。

呂真人於宋代首降賜《道醫經》，惜湮沒於民間未見流傳。次於西元一八九四年，距今約一二〇多年前，再次傳授《醫道還元》為駢文體。內容與今日之《道醫經》大致相符。有意深究之行者可參照透解。

前篇所述種種修行之法，皆是學習的過程與手段，言簡意賅，不作險語怪論，方使智愚皆曉，不可執著於文字相。其目的不外修得真靈永固，元神返歸太虛法界。然而有志於道並具聰明才智者，往往妄逞聰明，將先天性命大道曲說誤解，淪為外道，誤己誤人。《老子》曰：「大道甚夷，而民好徑」即指此。佛曰：「佛即眾生，眾生亦佛，佛度眾生，眾生度佛」。行者知

「抱元守一」即是道也。「誠」為返本歸源之根本，首要格除一切習性，內果圓成外功培，相互為用，切勿妄求速成。修行之真諦妙機無它，依法不依人而已。《七佛通戒偈》：「諸惡莫作，眾善奉行，自淨其意，是諸佛教」。師曰：「幸福來自於平淡，無憂源之於心寬」。聰明人通曉世間一切事物是小道。覺者了悟宇宙生命的真象，是大道。大道無道，順其自然，自然即道。師道無言『覺』知行也！

「圓真大道人自求」，此乃《道醫經》的總結句。意即修道者時刻都需要自我要求，方得圓滿歸真。「以戒為師，以法為師」。讀經不必雜，雜則亂。依正法修習「戒定慧」三學，去除「貪嗔癡」三毒，建立「萬法唯心」為主軸的信念，不求神佛上帝給你什麼，祂們是修行人的導師。不求神通，神通只是證道過程中的小插曲，更莫去追逐那些鬼神附身，怪力亂神，那是魔通。修行是求覺悟，不是爭名利。叩拜是學習放下傲慢心。頌經是求內心清淨。合掌是恭敬萬有。靜坐是修禪定。清修不是摒棄一切，而是「心無所住」。布施是度人，不是以價值計量。學佛不是佛學，莫執於文字相。證道不是看見佛或上帝，而是明心見性，見性成佛。效法「行雲流水」，「雲」的心態是隨寓而安，不執於某處。「水」的心態是不爭與包容，智慧圓融。倘若行者依此信念向內心自我砥礪，遠勝四處尋靈山、拜名師，比讀盡天下書都實際。

在本書的結尾，筆者願以簡言數語，分享「修道心得」予以眾同修參考，期許有所助益。

《老子》：「萬物之始，大道至簡，衍化至繁」。道是「一」故至簡，道生天地萬物方衍化成繁雜。智者實踐化繁為簡，並非貧乏，而是繁華過後的一種覺醒。世人有私，教滿為患，法門萬千，邪門當道，致有心真修者，目迷五色，莫衷一是，成為以教為教之教徒，而非以道為教之修道者。欲真修實煉者，效法天地萬物即可。通過對萬物的觀察和體悟，去發掘蘊藏其中的「自然之道」，將此道奉為修心復命的唯一正法，道「法」自然也！以下分享「太陽、小花、小雞」如何給我們做榜樣。

（一）恆常與自律：太陽每日按時升起，燃燒自己，照亮眾生，給予萬物能量，從不間斷。

（二）無為與布施：一朵小花生在路旁，美麗芬芳，供人賞心悅目，不是為了對價，而是在做它自己，同時也在布施。

（三）知見與果決：小雞看見未來，勇敢啄開蛋殼，邁向新境界，成就新生命。

修道行者果真效法萬物自然之道，則不需盲目天涯尋法，久之必可突破重重障礙，格除無明，靈性必定成長。將「人心」化為「道心」，化火宅為清涼。六祖曰：「有道者得，無心者通」是也！即使未能當下開悟，起碼也臻「此去漢陽已不遠，黃鶴樓前鸚鵡洲」之境。

願與同行者共勉，人人自我期許，早登「圓滿歸真，永證涅槃」。無量壽佛（炁）！

道醫無國界，愛心走天下

只要真心投入，人人皆可發揮無限的潛能！

附錄　《道醫經》全文

身篇　一　炁

洪濛未判炁混元，太極初分五行位。陰陽貫乎萬象生，水火運於兩大間。

天氣輕盈恆流轉，地氣重凝固安貞。人秉三才之末者，身俱百脈三關膲。

上符於天下則地，天有晷度周天數，人之脈竅同其源，地有山河流起伏，

人之脈血合其妙。三百六十脈貫通，八萬四千炁氣漩，同源異用人分三。

內景和諧災不成，元真耗散百病生，醫士習古而未化，脈氣未清誤人深。

北坎命根腎源頭，活五黃而通九紫，南離神室心神寧，宰白壁而守青松。
其動有如星宿移，其生亦若長虹奕，十二辰動數有常，上中下關行不滯，
天垂之象人如斯，上中下宮命本源，心靜審悉恍然見。土釜溫潤物可化，
金鐘實破肺中情，火得水燕飛上下，水得火鵝行往來，藏魂宮安木不動，
載意垣穩弦難張。五氣不繼無常臨，氣之暴脫辨聲色，四時興衰憑三指，
心領神會心指養。悉測寒燥辨邪濁，寒來火往春不生，滯駐腫濁秋肅敗，
未極氣驅寒邪毒，生眞火和利不害，已極沓塞流清源，釜底抽薪標本並。
純陰本相難速生，純陽宜守氣固脈。江中竹筏究其端，池底蓮藕探其疾，
猛虎下山知攻法，微羊宿草間宜威，蔥裡氣虛石不空，絡不流通五行積。

三陰氣劫微中容，三陽遇敵重而急，如魚戲波五氣散，觀鳥啄木三關滅。
似眞似假炁望聞，內寒外熱假火生，⿱⿰自家水不中竅實非吉，脈寒氣虛更違和。
其至如賓五臟固，其去似客六腑和，音重非虛神可癒，七竅氣滯難回春。
舌氣沉硬陰海虧，語亂神恍絳宮障。聲揚音實關元固，假火木剋土破金，
五行內景五氣見。黃氣流行中宮色，烏雲罩頂坎宮隰，青面震位木宮盛，
色白兌金血不生，色赤面熱南離火。色黃夾青木氣凌，黃中見黑中宮燋，
赤入黃者瓦釜炙，白入黃裡中宮寒。炁察兩旁了於指，究其三驛知强弱。
氣沖上下驚弓鳥，勿因其激忽其根，擒賊擒首正本源，除惡務盡免後患。
離火脈傷灌林木，坎水涸缺鋪金路，兌金氣缺黃庭培，震木黃落黑虎豢，

中堂氣陋速補葺。正本固元貴防治，朝饔夕餐五味均，治之未艾邦安寧。

醫未之病在機先，逐既之災法指下，四時八節合天機，溯其鎮司同地道。

星辰晷度人脈竅，山嶽川流形臟腑，理深義奧無窮盡，虛心靜觀現靈悟。

余今之言非吾始，發理簡賅無强猜，精益求精類旁通，智愚復研聖胎傳。

醫道共明同仁壽，至道同源萬教通，普濟挽劫天德佈，流傳於世曰人卷。

身篇二　症

易象包羅天與地，不外休徵與咎徵，調理人身陰與陽，焉測有病或無病。

俯察仰觀兩間變，寒來暑往四序遷，奇正相生祥殃異，狂風迅雷氣不平。

川竭山崩靈失守，人秉其氣以成形，脈絡違和癰氣浸，偏勝乖戾萬般症，孰簡衡繁五原委。陽陰五行生剋妙，順逆八卦賅其全，乾元渾統察鎮惡，首出高居驗內景。中男搆釁耳不聞，少女蒙塵掩鼻過，雙目闔闢統諸經。一口吐茹庶無上，炁察界明何宮異，炁源互証行歸一。一卦變則原始終，數爻動推其本末，孰偽孰眞辨虛實，一以貫之無不明。庚辛氣合生機暢，兌金權衡子卯功，赤龍平林生諸疾，昝井玄瓈白帝災，山不生輝白圭玷，土難奠固白石崩。金車大益水穀利，驛舍迎來憑金節，握樞機和燮五行，失守悖害疾環生，端緒莫昧溯根源。離火安和天下治，南藩撲滅境土殃，君王失端鬼夜交，刺客神京毒寰中，少年老叟心物欲，朝嘯夕暝狂火毒，

以火引火焚萬山，積薪毀薪身垂危，惡流入宮命旦夕，毒氣沖竅喪英靈，
旨歸當究合無疑，妙手回春十有九。震位青宮巽淑配，資益無方貞恆象，
七情搖久破散金，四德悖違剗淨土。修竹引風嫌過茂，古松蔽日患終凋。
怙如閨媛林失鹿，洸似武士藪鳴鴻。伐木去惡量輕重，培材宜培佳植固。
勿使枯柴生烈火，仍防冷炭遇寒冰。炁應症竅求符節，生剋乘侮行妙策。
眞流入坎生物源，暴客問津渡筏沉。大淵龍鬥巨浪翻，波無日照深谷冷。
金不生水溝泉涸，崑崙火燃首掘井。園林日灌勿罷梁，雞鳴穀道破土瀉。
耗冱失攝首此關，鴉宿陰晦天庭燥，崩殘衰涸亦斯闕，未寒先慄病何來。
眞飢假飽首作殃，神能明則同條貫，原始反終道則高。艮山坤地中宮治，

朝饔夕飧來去成，長掉偶停去如來，中原不樂孰飽饑，泥垣客水濕四方。
地室狂火燒五位，運轉百貨馭眾司，山虞藉能遂厚生，反奸還復當內省，
水衡賴土以壯志，退弱原由失扶持，萬物可興惡亦作，五行無土累靡窮，
萬川得土鎮宇流，應其變故補削治，安平廣生昭大化。坤艮同宮統大成，
權操生死暢其機，震統巽木而藏納，木宮妙令掌榮枯，坎潤下功宜火治，
離溫中本無水炎，兌苟失位氣安求，官司互變乾招非，或於外來之劫奪，
或由內發而牽連，無不包羅於易象，即可著見於周身，觸類明察而見定，
潛心體理標本治，語求統宗不泛涉，勿患矜高請進益，人思集益可靜觀。

身篇　三　⿱⿰自家水

動植飛潛藥繁生，水火陰陽妙丹⿱⿰自家水，五氣清濁形色味，九星變時地性情，
⿱⿰自家水合君臣何本草，事關人命勿輕投，讀盡方書未窺本，殷勤濟世發玄微，
疾固多門貴端安，⿱⿰自家水求妙法尤巧制，味若輕清急倍蓰，品如重濁過見災。
善走易多耗本真，太和則易生惡積，升降應需交相用，通塞亦間準類施。
除災除盜攻守衡，調⿱⿰自家水調兵先後度，剛柔進退氣有節，春夏相生和大造，
秋冬交濟氣合化，性秉中五貫八方，關膈有三融一氣，生乎河洛妙屈伸，
真訣無多憑領悟，泉涸自中求潤下，陰柔不濟助上行，獨投無佐功難著，

汲水救焚伐盛木，引泉灌樹提金鋤，澤沛而土可滋生，佐以煖中陽剛用。
風襲邪濁乘虛至，濟以露垂扶正息，池漏開源尤待塞。澮通納來並施導。
以火烹水水不溫，取水寒金金不燥，狂澤汎濫亂中原，北坎雖枯勿雲雨。
寒流凝蔽聚天室，東旱勿輕挈揚波，欲佐天一水之生，且興地四金之力。
溺海無源上游渡，轂門如刺下隰施，逆亂輕重求主帥，戰功寬緊定卒徒。
佐使奪權難叛效，斬饒非法最害良，去雜歸純一箭功，由常達變三陰振，
火德至剛晦明濟，烈性可回既倒瀾，水泛土崩炎光灼，金寒木朽待煖臨。
氣本上騰揚即舉，力非下降墜而沉，雷電濟和則不殺，矛盾入迷而徒勞。
氣若幽蘭防笑刀，味同嚼蠟勿輕忽，一曝何足擋十寒，半星又燎萬頃原。

獻日煖送寒金鐘，須引溫泉共相滌，燒薪仍冷釜無煖，實貴古穴中含光。
明暗既覺兼有分，疾除亦宜濟相配，大敗之治尋良將，甫平之際葺衛營。
疑難相生不離法，經權不易可調停，依類以推無殊節，得門而入啻平衡。
木含精英氣秉東，材分貴賤同林長，樹上無發須甘泉，逐竹惡駃攜古杖。
撲林之火何伐木，除樹惡根當砍樹，風狂葉落疏木止，土瘦枝枯培中盛。
水雖可生泛則朽，金縱能剋調自安，欲尊帝室建青宮，要定幽都勿眷蒼。
林鬼為臣過害主，木公作帥重殃民，無乖走守調致和，常計盈虛巧不悖。
運心妙法施各當。審然酌機精窮源。金為兌位帝之神，奉養當稽妙品物。
疏達貴叶通權謀，粘濁則墜失明潔，物氣猱雜難遐舉，開鐘之聲扣兩端。

續金之氣水土扶，破垣易傷白衣女，宜用顧瞻功為上，驅逐外寇首安內。
歪倒可扶水土並，滲消永固兼舉火，益之使强還使運，導之以活更以和。
隨水下流仿春雷，因風上壅殘花涂，補金之破手宜輕，抉白之實功貴力。
濁流泛濫調庚辛，赤澤蔽凝合坤兌，明大法兼別輕重，同功異曲炁迎隨。
偏師制勝不可常，碩果僅存路皆通，理之使暢陽照地，耗而難充身安和。
土鎮乎中宰六合，土性至厚統三元，水湧則流當止蓄，木强則瘦培肥土。
晝長夜短振乎陰，月朗日陰益真火，覆簣忌堔溦疏剔，鑿垣防陷緩推移。
莫道相剋不相生，使之貪生忘剋土，縱云能生未能剋，亦防受剋更難生。
來去無情令意合，迎拒亂道求安泰，午馬南臨勿求木，酉雞不唱艮宅殃。

赤龍放逸無歸宗，喚醒黃童攝管轄，白鳥渴飢巢失守，間將黃鵠妙拘聯。
欲成大造化之功，致生剋廣生之妙，培元贊化經苦心，處險防危憑善策。
自然矩度久化成，訣以口傳求心得，要而論之法分門，品原別類制堂正。
水有吉凶凶化吉，火或和戾戾轉和，金則靈蠢去泥法，木則剛柔法相判。
燥土潤土施有分，霸道王道法各勝，清濁正變常不悖，行符星辰氣盈虧。
添減來去依實据，複理期歸䝞妙轉，方入玄奧神明主，擅濟人術自勉旃。

心篇 一 天地心

浩浩穹蒼茫茫土，包含無外育糜窮，孰為主宰然依存，誰是綱維覺不墜。化工迭運古常新，弭悖害息自往來，常返靜虛動之體，觀布濩足見玄微。聲臭皆無妙機旋，質形常寂大用彰，實數窮推然陳迹，聰明臆說非眞元。闔闢實互為其根，動靜則統歸於籥，生生殺殺自安排，始始終終儼如置。道無為而無不為，化不一而歸至一，道求散殊萬物理，道尋源本天地心。妙在領悟心獲機，奧詩推演心明通。大雷震烈不終朝，震動無過差之弊。狂風怒號難竟日，怒號作暢發之機。春生夏長兩氣盪，秋斂冬肅隨三光。

雨露下垂霈遍物，被澤不知然為誰。土壤廣育載群生，成能則未曾有作。
雖云戾亦生有時，生機得以常不息，究其虛而曷常直，直道不屈為厥宗。
喜怒不干愛憎無，天地不生道長生，真元不殺物自盡，心無其心真永固。
道無所道覺常凝，大竅空空萬竅並，四維不著天地化，元陽耿耿二五交。
不變含至變之神，無無寓不無之用。方智圓神產五德，受氣成形三才藏。
天賦人而人即天，地養人而人亦地，得其奧竅天地同，固此真常無上境。
心澄中和心道同，立天立地從此出，天泰地泰心道泰，參天參地以是幾。
妙在行間真究明，直洩芭符妙中妙，玄尋言下得玄奧，且寓一身玄外玄。
秘竅難傳今已授，深悟先求放其心，精微未到終必達，貞誠底定成於恆。

心篇 二 五氣心

佛土神洲之宮宇，七寶羅全以供養，五氣交濟而絪縕。一穴含光垂萬象。三田獨貫握元綱，内藏生剋剋逢生，外多合離離依合。秋冬堪符蘊奧妙。春夏亦法於權宜，截長補短求中和，去雜歸純理陰陽，既錯綜且互參伍，尤慎守而存安居。絳宮赤縣名多端，認祖歸宗言談異，為聖為賢由此達。作仙作佛以是幾，不求妙用老無成，苟獲眞機霎時造，理本至微發憤啓。道非可隱與知能，法侍推演修無昧。原夫木德中含内，春風常流習和煦。仁道至粹天地元，淑氣初降自維皇，本根能固枝葉繁，嘉樹活澤而滋生。

大林賴刈卉毒清，丙丁不發陽光昧，婀娜之柔條堪濟。戊己偶染陰濁毒。
茂密之美蔭可遮，百煉歸元萬邪避，太和保合真一回，至道精微時維密。
至若火剛中正氣，實光照乎遍大千，夏令當權於二七，蘊之則義方內具。
發之則剛烈外流，頃刻燎原法清流，終朝烹鼎擇美櫝，最喜旭日陽東昇。
尤嫌陽烏暮西墜。得其節度物平施，反厥本來剛中立，法本玄微觀日迭。
理苟明達神調停，制心奇功安神妙。氣有發收秋斂肅，心不違潔禮防閑，
大繩不鑰守規中，古民無知行矩內。金城擁固戎馬退，履白雪寒不用兵。
得火就範可方圓，以水淬鋒免柔鈍，靈明地活若泉流，智慧囊靜深似海。
曲直方圓隨物器，東西南朔通本真，智可止狂暴炎飆，水能長發舒佳植。

勿妄壅之而橫溢，宜導引之使順行，蕩瀉無關誠土蓄，激揚不節本色虧。

貴得培養此眞機，驪珠終期得握手，明月抱懷循妙訣，奧理詳申明修士。

中土含溫潤之德，大信統化治之宗，合水火德而成能，中孚為質參伍功。

併木金和以為用，渾然純一秉眞靈。狂瀾賴坤以止蓄，允執厥中莫偏倚。

擎電藉土以收藏，為物不二信誠一，悟此關頭五氣還，自是圓融臻境界。

底蘊難形斯奧妙，默而守之強名道。不離方寸寄大道，致力首辨心五行。

順逆推來成妙諦，深淺探究直眞元，兩大玄微從茲入，萬源分派五為綱。

人無異心無異理，願至德門好修士，聖哲仙眞不難及，亦為天地默眷也。

心篇 三 無礙心

人身內有靈谷焉，太陽出入於其間，神龍隱約乎其下，光流萬彩烟霞消，氣吐千祥蛇蟒遁。大川廣漠人臟腑，咸靜寂以納日魂，庶彙群生承氣化。言功施周行無礙，溯体段渾穆難形，心學還元斯妙境，道藏為至隨卷舒。三教分途同極樂，一心印証妙詳陳，執中允協化存神，靈光所被自咸庥。德意潛流心渾全，雲山無隔無礙境，千里遙神行咫尺，百世而下可悉達。慧照奚啻灼目前。從心所欲眞意彰，玄妙實莫知其然，不約而孚孰與並，靜含動而動亦靜，若時出之活淵泉，常寓奇而奇如常，孰表大經於宇宙，配天配地浩靡藏，即誠即明悠無盡。修齊治平覺洞然，內耀則輝如游刃。
經權常變天地物，素靈具則若順舟。不分其美本自彰，不損其氣而莫遏，
功臻極地神明通，後學能循道岸登。言及虛空眞法界，大妙由大覺而生，
清靜功修離塵濁，能化實以誠為本，收萬物之靈為靈，曇花煥發眞元得，
合兩間之氣為炁，玉宇馨流無礙心，涅槃雖云眞靈固，恆河難量未佈施。
彼岸既超勝白雪，阿僧入定日夜明，不著殺機魔潛跡，三品眞乘億載靈。
獨具華藏無始終，大開普照靡間遺，空空非槁色皆眞，襲其形似後人弊。
達茲奧妙默中悟，舍利國清風明月，簡篇言水碧沙明，欲印心捨此無參。
至若道源教眞宗，印心無礙五教一，天機逸趣動靜理，存想難合於自然。

劍利情柔斷邪緣，根深蒂固慧居常，眞主當來隨念至，神通不測道心生。
無方無體無滯礙，燈明萬歲寂常照，芽吐毫端慧光出，守有存無眞靈復。
密室堪藏廿八宿，神返清虛卅六天，縱橫自在隨所行，夷險俱忘莫不樂，
豺虎既伏嬰何惕？露電堪觀娛耆叟，境原無奇世多誤，語必中的人釋疑，
不作奇險異說談，唯望智愚歸覺路。印心印道心藏道，道宅心本明道心，
靈臺無滯教其本，欲離苦海完大願。續尋墜緒之茫茫，通領源頭於默默，
會厥祖宗隨身處，無損分毫任衆議，斯至道賴以不沒，即心學得長明焉。

性命篇一

性源

兩大會宗三元一，先判五行而定位，後配八卦以成能，儀象未生天地根。理存混沌源至眞，形質既降離本眞，化補先天陰助陽，元本相合假相離。眞元不固漸不純。大順莫符天地泰，雷風難調僭為用，電火飛揚元神奔。玉露飄空陰和伏，月光沉墜命中性，斗樞動轉陽還升，神龍搖首到天池。靈龜噴浪兩相合，活虎輕蹄步南極，彩鳳流音朝神宮。樹種中州終成果，採芝北岸蘊蓄香，落在冥忘如膠漆，反歸潛寂惟內燈。理玄至奧共探源，道非可離當索解，五常迭運性體流，六氣安和性光發。枝葉繁茂自性出，涓滴湧決悟本源，沖虛巖谷靈可應，冥漠玄黃天地竅。去有象而歸無形，則大象依然如覩，從至變而參不動，百變不易於厥中，物物皆同人獨備，層層反轉入聖眞。性道之微數言括，配天之學亙古常，破卻雜眞道內尋。不迷僞學性自明，聖賢可達性命修，命基渾然依元精，眞息周流根蒂固。煆煉三關而鼓鑄，調合六和之恩波，分清別濁天一歸，盈歉靡定眞陽降。剛柔成配對之能，動靜司化行之本，陰蓄眞陽騰而上，南宮收藏玉兔生。高高下下百脈和，飄飄忽忽循環續，任寒暑之時轉移，眞元內固禦邪濁。先天眞元長生⿱⿰自家水，太極全歸道不滅，持循失實昧不明，細微剖晰杜歧趨。復完賦畀近安祥，究之性者命之本，元性定則命可修，命基立而性始盡。

性中命生發無窮，命裡性回旋靡旣，盈虛消長互爲根，剝復升沉迭相用。
神氣相抱百脈皈，抱元守一希夷門，煉⿱⿰自家水成丹化有無，天地秘機人妙諦。

性命篇 二 修性

金丹大道天地機，白雪奇功允神仙。旁門邪術僞雜眞，修性復命正道行。
沉光旣能返靈舍，枯樹亦可回春榮。得法修持貴宏願，功成則騰雲白晝。
肆言謗毀大道迂，罪滿則囚鎖烏沙。靡輕授受古至今，承恩敕命始傳宣。
世上緣人尋正學，不辭曲折反覆申。反本窮源眞靈覓，陰陽未判天地一。
炎上潤下水火成，分居南北坎離象。二七騰光似流星，夏至之陰奚萌起，

一六流潤逆浪迴，冬至之陽自生騰，澄目觀空首煉己，波裡明月堪玩賞，
凝神入室守眞元，檻邊花放莫折撓，先施神手撥浮雲，方期月明性光照，
繼把靈鞭驅毒蜥，花紅初放增豔色，玩月觀花性光奕，煉石補天內造化。
三尸剿滅定靜得，陰陽交接纏綿交，逆轉順行七羅全，金精初還遊帝境。
木母攜魂返中宮，老馬卸鞍何絆足，狡兔營窟忌啓毛，三秀神君製天錦，
六通居士懷帝圭，化作明珠時收放，護以慧劍常定安，百日功靈九載成。
勞形謬學何歸本，服氣餐霞終離道，萬法尋王賅兩字，十眞歸本統一元，
自古眞傳妙諦一，持恆不輟脫凡塵。內果圓成外功培，山巔散佚自了漢，
水湄謫居功德無，樹精石怪氣盡輪，煞帥遊魂炎消迴，內外雙修歸無上，

法財兩施煉金剛，濟人利物無量施，福慧雙全天地合。玄外眞玄統言下，法中妙法盡眼前，歧途昧衆齊歸覺，上乘之教免沉淪，會厥道明何幸乎？

性命篇　三　圓真

物有壞期歸大幻，人身虛器求至眞，含靈負異炁成形，冥冥沉墜古今然，眞靈圓覺聖英光，元性元命歸中宮，三寶虛靈結眞身，異卻濁軀培眞陽，毫光萬丈入清虛。借假修眞復清明，體粹神盈功德現，篇章眞意道根由，依法修持解疑惑，見明守固無二法，覆論詳申啓後學，孤陰不生合靈寶，獨陽弗長坎離交，二五精英結金剛。陽神出舍玉貌成，始如旭日流光騰，

太和充溢祥雲煥，飛形入石非凡魂。出舍騰空邪魅避，日中無影自見知，
風上有輪誰窺測。世緣道緣和光具，人天圓明受籙符，白髮青丰體眞一，
蒼松古柏三華聚。即身即道身即道，形是炁成氣亦形。自强不息性功成，
得眞奧旨破迷障，言到盡頭性命微，方悟乘空非濁質，煉精化炁稱妙手，
只向宿海溯清源。金石草木毒血體，噴吐咽吞雜傷陽，性命合靈道之骨，
却粒求仙非正學，禁咒求眞亦邪功，不求腹中乾坤締，終纏生老病苦死。
苟得胸中耀華嶽，自脱危難免勞苦。總在先天一靈陽，是為未生先身處，
尋把後天盡補漏，水火既濟坎離功，質列三才神氣精，何人不堪求妙道，
賦同一本天地眞。他圖孰若結眞靈，聰明志士莫自誤，眞諦妙機無邪論，
圓眞大道人自求，醫道還元可參解。

跋

《道醫經》付梓之際，藉此文說明本書與《醫道還元》之間的關係。《道醫經》與《醫道還元》同為呂洞賓降乩作品，[註一]綜觀全文，《道醫經》與《醫道還元》多有相合之處，然《道醫經》比《醫道還元》的主文精短且更難理解，但內容卻更為豐富，其中不少關竅是《醫道還元》所未提及的；《道醫經》在全文最後一句揭示「《醫道還元》可參解」，這句話明白指出，《道醫經》被稱為「經」並非托大偽稱、空穴來風，[註二]而《醫道還元》實為《道醫經》之「注」，而本書的講述者，則實為「疏」或為「今注」。本文在此，一方面以學術角度談論「降著」[註三]經文，而非以「迷信」一言繞道，反而錯失了學習古聖先賢千年累積的智慧，正如呂真人所言：「信理可也」[註四。另一方面探討經文流傳千年以來，降鸞乩生、落盤經文、神蹟真假的複雜問題，須確立的正確觀念與辨證方法，實有必要在此探討釐清。

《醫道還元》此書最早刻印於清光緒二十年（一八九四），[註五]為當年呂洞賓降鸞所產生的醫書，[註六]現今學術界對《醫道還元》版本的普遍認知，主要以《全國中醫圖書聯合目錄》為基礎。[註七]清末以來，西風東漸，五四運動的興起，中國知識分子如梁啟超、魯迅等強調以「科學」破除迷信為主流風潮；張倩雯（Rebecca Nedostup）曾針對民國時期的「迷信」標籤化問題進行全面的研究，指出當時的政權亦有意通過行政政策抹殺道佛兩教的存在。[註八]由於《醫道還元》與扶乩的關係密切，進而抹煞本書的豐富內容，可以說是清末民初「迷信」標籤的延伸，因此《醫道還元》主要流通的刊印本，仍停留在二十世紀初，雖經多次翻刻，直至二十世紀中，已鮮少流通。[註九]呂真人雖以乩降之，但無法得到廣傳及認同，[註一〇]長期以來受到學者、中醫界的忽視甚至譏諷。而今日的醫學典籍考證，仍存在刻意隱瞞，或忽略醫書與扶乩信仰關係的傾向，二〇〇八年出版的《醫道還元注疏》便直接忽略扶乩的訊息，直指作者為唐末人士呂洞賓，[註一一]顯然學者不願接受醫書實為乩文的事實，或逕稱偽書。

若是從偽書的角度來看，自古以來就層出不窮，最早從漢代讖緯盛行的「假天書」，直至晚明士人豐坊的偽書、造古書[註一二]，造假的程度令人瞠目結舌，其目的在於政治的需要、建立其學術地位或是商業價值。然而造假的狀況有兩種，第一，拼裝改接，第二，無中生有。大部分的造假都是「拼裝改接」，畢竟內容有真有假，有心人取材往往考證，比較容易贏得世人的誤信。至於「無中生有」，就容易遭人一口否定與譏笑，在於其立論邏輯往往超出當世思維及眼界，被稱為天方夜譚或是怪力亂神，予以駁斥。

而《醫道還元》就在這樣清末的破除迷信、強調科學的學術主流，被打入偽書之列，在目前掌握的資料來看，《醫道還元》所提出的理論及治病方法，尚無找到其他古代醫書具有類似內容及論述，換句話說，的確是「無中生有」，橫空出世。中國古代醫學在透過歷代醫書以及父子師徒相傳的「方子」實證上得到印證，得以流傳，但對於醫理的部分卻不夠完備，正如關聖帝君所言：「然此特未推究其源頭耳」，註一三祂指出該書正是補足歷代醫書所缺漏的部分，進而建立中國醫理的系統。在人世間，無人自稱是《醫道還元》的作者，內容卻立論完整，治病實務亦得到驗證，似乎只能指向神明降乩所作，我們就不得不相信確有其事，當時的記載絕非空穴來風。

《醫道還元》全文來自於「信宜」，註一四位於廣東省信宜縣的地方乩壇，從《醫道還元》六篇序文作者來看，除了呂洞賓自序外，還有玉皇大天尊、太上道祖、如來佛祖、文昌帝君、關聖帝君等神佛賜序，由此推斷該道壇所祀奉的可能不只尊奉呂洞賓；而為其作序的神明兼具儒釋道，正顯示了《醫道還元》具備三教合一的特徵，註一五也意指該道壇編修者收錄神明序文的信仰投射。此外，黎志添的研究也指出，在《醫道還元》更早之前的十八世紀道教《呂祖全書》文本，同樣是透過扶乩信仰所產生，註一六可見降授鸞書的乩壇不只一處，亦非專屬某一個宮廟道觀，而且降乩文化的歷史橫跨久遠。

《醫道還元》是一部中國醫學理論著作，講解人的七情對全身氣脈活動影響所導致的病灶，以及藥法如何配合陰陽五行施用，進而以性命雙修、內丹修煉的醫書。主文加上呂真人釋義，全書約十八萬字，分為九卷，全書的編排結構有三：（一）神佛與作者本身的序文；（二）主文共分為九卷，多以四六文體書寫；（三）按主文逐條解釋作注，並署名「呂真人曰」。目前學界普遍認為，主文與注解的作者皆為呂真人，如此看來，應是呂真人透過當時的乩生所降鸞，乩壇抄錄成書；但本文認為是否確為呂真人所注解，仍有疑義。註一七

近年來中醫界逐漸發現《醫道還元》在中國醫學史上的地位不容忽視，不僅僅是它具有古代醫書的文獻保存價值，而是在於科學昌明的現代，書中所言治病臨床方法來看，確有療效並得到實證，儘管絕大多數人仍無法理解

書中關於練氣修道之文義與方法，但也因為了解該書的重要性，所以後來被收羅在《全國中醫圖書聯合目錄》，成為今天中國傳統醫學系統中「道教醫學」的醫書代表作品，影響中國二十四所中醫藥大學的學生對「道教醫學」的看法，註一八顯見其內容對於中國醫學的理論極具參考價值。註一九

然而綜觀全文，《道醫經》與《醫道還元》多有相合之處，既然有了《醫道還元》，呂真人為何才隔一百多年，又降賜《道醫經》以濟世？在現實層面來看，《醫道還元》在十九世紀末到二十世紀初有數個版本刊印，顯示在當時已經得到中醫界某種程度上的認同，有相當的讀者及市場；不過，在二十一世紀的今日，被收羅在《全國中醫圖書聯合目錄》，這本書的功能是似乎只能稱為古代醫書之一，歷史上曾出現過的文獻記載，對目前的醫療方法及理論並不能起太大的作用與影響力。重點在於，一般人乃至於中醫師，對於《醫道還元》的內容只能望文生義，觀其皮毛，卻無法知其精髓。是否呂真人認為在一百多年後，有感於《醫道還元》仍無法真傳世人？註二〇或是其

內容不完備，欲以《道醫經》代之？不過，這個理由恐不夠充分說明《道醫經》為何降賜於今，這點我們就要從降鸞《道醫經》的過程去探討。

《道醫經》全文為七字文格式，分三篇九卷，共五八一〇字；在主文之前〈開經偈〉，同為七字文格式，共二二四字。《道醫經》出於臺灣北部中和區員山之丘上的一處道觀，為聖靈山玉皇宮道元宗之乩壇，註二一主神為三官大帝。《道醫經》與《醫道還元》同為呂洞賓降乩作品，呂洞賓真人第一次降鸞《道醫經》時於宋仁宗嘉佑五年（一〇六〇），註二二呂真人生存年代為唐末，時下流行七言詩，直至五代北宋，與《道醫經》全文以七字文格式似有關連，但經文早已亡佚。第二次降鸞《醫道還元》於清光緒二十年（一八九四），現有刊本流傳於世，但若從《醫道還元》的內文提到孚佑帝君之推斷，註二三有可能在元末至明代間曾降鸞於世，但就目前有限資料尚無法證實。第三次降鸞《道醫經》於民國九十八年（二〇〇九）三月二十一日開始降賜經文，同年九月二十六日完篇，為期六個月，於每週六晚上進行而不間

斷，歷經二十七次鸞會取經完書。[註二四]其全文與第一次降鸞北宋之《道醫經》版本相同，同為七字文。[註二五]

降乩鸞盤的乩文，[註二六]可說是乩生與神明冥空靈合，包含乩生本身靈的層次，來自於累世的記憶修為，又配合現世後天的人生修練及語言造境而寫下的，因此，仙佛如何選擇乩生成為祂的代言人是相當重要的，若乩生本身無誠敬的信仰，是無法「上通於道，下應萬物」而完成的。為期六個月共二十七次鸞會的取經過程，皆由本書的講述者擔任呂真人之乩生，在尚未取經之前，即以「道醫」法門為他人調理身體、恢復健康，已歷時二十多年，其醫術師承卓播臣、南懷瑾、王真人[註二七]的學習，後來因緣際會結識聖靈山玉皇宮道元宗宗主理元[註二八]，得以宮生加入鸞會，經過兩年訓鸞學習，方為呂真人之乩生，降賜《道醫經》。

在《道醫經》初降數篇之時，諸位宮生就已經發現了《道醫經》與《醫道還元》多有相合之處，且《道醫經》比《醫道還元》的主文精短且更難理解，但內容卻更為豐富，其中不少關竅是《醫道還元》所未提及的，便於每次降鸞過程中請教呂真人。《聖靈山玉皇宮道元宗鸞會紀錄》如實記載取經過程中的對話紀錄，我們發現呂真人對《道醫經》不作任何注解，並不像《醫道還元》所附上的「呂真人曰」注解，註二九而是在降賜新的經文同時，要求宮生解釋上週《道醫經》經文的內涵，並進行句解釋義，像是老師每週給學生出作業，下週批改。註三〇

宮生非常認真面對呂真人交付的《道醫經》注解作業，但是畢竟個人修業造化有限，特別是宮生來自於各行各業，並非都是中醫或是中文系出身，對於經文的解釋，難免有隔靴搔癢，不得其要的狀況。這六個月的注解內容龐大，完全不輸給《醫道還元》的資訊量，甚至有不少內容直接抄錄於《醫道還元》的注解，註三一或是以其為基礎再加上其他中醫或五行的解釋；大部分的時候，呂真人對於宮生所提的《道醫經》逐句注解幾乎毫無異議。而當宮生面對一些經文較複雜、難懂不解之處，於鸞會上向呂真人提出問題，但

呂真人多次僅回覆：「參考《醫道還元》」之類語，註三二不再多作解釋，換句話說，呂真人似有意藉此帶宮生導讀《醫道還元》，甚至可以說這是每週的讀書會。

幾次下來，宮生對於呂真人的回覆似有不滿，幾個月的注解工作產生了懷疑，宮生律明希望呂真人給予指引與信心，註三三宗主理元認為這樣的注解工作是有一點白費功夫，何不逕用《醫道還元》的注解即可？註三四甚至向呂真人提出質疑：「您現在丟出了一個博士班的教材，要叫小學生或初中生去唸……要兩三輩子才能念通，這一生是不可能的了」，註三五甚至表明「弟子不想學，因為功夫差的太遠，怎麼辦？」。註三六事實上，我們回去查閱鸞文紀錄，呂真人認為《道醫經》要能夠「應時啟佈」，主要還是「行」與「證」，一般人都是光說不練。註三七也就是說，若只是在文章上去打轉，去推敲文字，這只是求學問的基本功夫，如何能夠應時代需要，經文內涵能夠用出來，這才是重點，否則若要注解經文，何不直接使用《醫道還元》即可？為何還要多降鸞一次《道醫經》？就是因為《醫道還元》的內容及注解已不符時代所需，才會被人忽視，只停留在古代文獻的價值，卻無法拿來使用。對於降鸞經文期間，負責注解《道醫經》的宮生來說，是有極高的難度，因為只能在既有的知識體系下工夫，對於「無中生有」的學問是無法用這個層次來解釋的，即便是以宗主理元的淵博學問，也無法理解呂真人背後的涵義。此時，便是要靠實際行動方能求得印證，如此才能產生「道醫的價值」；因此，在降鸞的過程中，要如何解釋《道醫經》，其實不是重點，而是呂真人希望諸位宮生先把已經逐漸遭人遺忘的《醫道還元》找回來研讀，從中了解它的箇中奧妙。至於《道醫經》的注解，須待真傳人以「行」與「證」才能徹底的通透其中精髓。

我們了解降鸞乩壇所產生神明的旨意，有個首要條件須先釐清：「降鸞的仙佛自稱是某尊神明，凡人看不到、摸不著，該如何取信？」，如果無法先處理這個問題，那麼後面鸞盤上所談對話或者降賜的經文都不會成立，便落入一般人所質疑、譏諷的「偽書」、「假天書」，乃謂之「迷信」。聖靈山玉皇宮道元宗便在鸞盤上多次提到這些問題，有些外靈附於乩生並非神明，卻行代言神明之職，註三八又或者同一名號的神明不只一位。註三九而善信來到乩壇問事，必然是有所求，期望神明指點迷津；當善信已經習慣透過乩壇向神明問事，無論是財富、功名、健康、姻緣等，但自己不努力、不改變、不進步，卻一直向人求、向神求，甚至向鬼求（因為你無法辨認乩生所降之靈為何），自身的渴望而寄望別人的施捨，希望奇蹟或幸運總有一天會降臨在自己身上，我們稱之為「神蹟派」信眾，這樣的乩壇狀況，事實上是非常普遍的。當《道醫經》完篇之際，天官大帝指示，人便可以扮神來教化眾生，不需要仰賴鸞盤，註四〇宗主理元便向天官大帝稟報，在取完《道醫經》之後，要進行封鸞，註四一力挽使道元宗走向學習的修行道場，而不是問事的宮廟。

那麼，我們如何能驗證降鸞的仙佛所言為真？呂真人：「信其真理在，願出眾生迷，行求日月恆，證貴在實踐」，以「信願行證」作為明辨真假的方法，其意與講述者在本書〈性命篇〉強調的「信解行證」，乃異曲同工、殊途同歸。對於神明的指示，可視為古聖先賢所流傳下來的真理，不僅僅「信」之，但是還是要人自己去做、去實踐，做完了才會有心得，這就是「解」，甚至發「願」破除眾生迷障，以確立自己的道，「行」於上而持之以恆，自然就得到「證」，證明神明所言不虛，證明降賜《道醫經》確能普渡眾生，得以成道，我們稱之為「行證派」。正如呂真人所言：「信理可也」，[註四二]呂真人也提醒世人，以「理信」來判斷事物的是非與真假，強調「理通」，而非「神蹟派」一直向外求，不反求諸己，人云亦云，道聽塗說，祈求「神通」御人，自然就走入「迷信」了。如同清代陳士鐸，[註四三]說是「仙遇而學醫」，[註四四]此話只講對了一半，另一半若是陳士鐸沒有「信解行證」或稱「信願行證」的過程，如何能完成清代著名醫書《洞天奧旨》、《脈訣闡微》、《石室秘錄》、《外經微言》？

《道醫經》民國九十八年（二〇〇九）完篇後，並無驟然刊印出書，儘管降鸞期間，宮生已經為《道醫經》逐句注解，但是如同前面所言，艱澀難懂，文字上打轉，並非真學問。本書講述者歷經五年研讀，以道醫法門於臨床反覆驗證，確實能夠幫助他人獲得健康，登門求醫絡繹不絕，並開班講課解釋經文，全程錄影放在網路上供有志者學習，註四五又再歷經五年的經文校對整理，去除訛誤，以當代的角度及思維，用現代話文定稿本書，淺顯易懂的舉例，融通三教之竅門來講述其內容。講述者歷經近十二年的消化整理，終將於二〇二一年完稿出版，從經題上看是一本醫書，實際上內容包含了「信仰」、「醫術」、「修行」、「內丹」等方面，本書所言的終極目標在於「成道」，為達目標，首先要有健康的身體，強調性命雙修，誠如〈開經偈〉所言「身心性命合為道，先助其身後治心，不治心何入性命」，進而煉內丹，從煉氣最後達到還虛的境界。總共分為三篇，簡述如下：

（一）身篇，論述人身之「炁、症、瘚」，即知是「醫經」，說明人體之經脈結構與天地間之晷度乃是同其根源。身外之「葯」與自身之「𨉖」不同處及配合應用。更進一步，解說了如何善用先天「炁」去調治人身之後天「氣」，而恢復應有的健康。

（二）心篇，指導修行者「萬物生於有，有生於無」，有與無本是一，引用「心靜百病息，心亂百病生」，「萬法唯心」的身心平衡重要性。

（三）性命篇，「性命」雙修宜「抱元守一」，一再強調「誠與恆」以及如何「溫養」？「不忘初心，方得始終」的重要性，說明了「仙人道士非有神，積精蓄氣乃成真」，一語道出「內丹學」的核心。同時對迷信怪力亂神的修行人，做了有力的醒世作用，講述者於結尾更分享了「修道心得」，不以文字語言為主，而是以通過對萬物的觀察與體悟，去發掘蘊藏其中的「自然之道」，以效「法」自然為依歸，此即「道」矣。

最後，藉呂真人一言，「理信」而不「迷信」，透過「行」與「證」共同發揚《道醫經》之法門，渡人亦自渡，望有識者參之、研究、補正。

鄺若銘書於二〇二一年五月
——臺北市立大學中國語言文學系博士候選人

註釋

一　呂嵒，晚唐人，字洞賓，後世多以呂洞賓、呂真人稱之，唐德宗時湖南觀察使呂渭之孫、海州刺史呂讓茲之子，累舉進士不第，因游華山一說隱於終南山，得道成仙。道號純陽子，綽號回道人，中國道教仙人，八仙之一，全真派五陽祖師之一、鍾呂內丹派和三教合流思想代表人物。著作有《宋史・藝文志》神仙類著錄呂洞賓《九真玉書》一卷；《全唐詩》有其詩四卷、詩二百多首；《道藏》收錄呂洞賓的傳說和署名所著的作品，集為《呂祖志》；降乩作品有《呂祖全書》、《醫道還元》、《道醫經》。

二　《醫道還元》降著，玉皇大天尊降鸞為其作序，便提到「謂之經亦宜」，〈玉皇大天尊序〉，《醫道還元》，頁一。天官大帝：「呂真慈航行教化，應時啟佈道醫經，文簡理易五行妙，身清心靜性命圓」，正式賜名《道醫經》。〈二〇〇九年三月二十一日〉，《聖靈山玉皇宮道元宗鸞會紀錄》。

三　「清光緒二十年歲在甲午季秋廿九戌刻降著」，〈玉皇大天尊序〉，《醫道還元》，頁二。

四　宗主理元針對降鸞經文的時間點，假天書以及可能造成的迷信所提出疑問，呂真人：「信理可也」。意思是說，透過了解經文後，以實證來考驗、相信真理，而不是去相信乩文。〈二〇〇九年六月二十日〉，《聖靈山玉皇宮道元宗鸞會紀錄》。

五　「清光緒二十年歲在甲午季秋廿九戌刻降著」，〈玉皇大天尊序〉，《醫道還元》，頁二。

六　〈呂祖自序〉：「爰令法門弟子秉木筆以待傳，將吾所得醫身、醫心、醫性命之道畢達於世。上皇名是書為《醫道還元》」，「木筆」指的是鸞會上神明透過乩生以木筆，將文字寫在沙盤上。《醫道還元》〈呂祖自序〉，頁八b～九a。

七　《醫道還元》共有「清光緒二十年甲午（一八九四）刻本」三種、一九一九年廣州華聯仙館刻本一種及一九三〇年北京天華館鉛印本兩種。它們被分列在條目〇五二四一及一一〇七三之下。《全國中醫圖書聯合目錄》第一一〇七三條《醫道還原九卷》的「原」應為「元」。《醫道還元》在《全國中醫圖書聯合目錄》中被分作兩條條目，源自於抄錄上的失誤。《全國中醫圖書聯合目錄》第〇五二四一條，頁三五三～三五四；第一一〇七三條，頁六八三。

八　Rebecca Nedostup, Superstitious Regimes: Religion and the Politics of Chinese Modernity (Cambridge, Massachusetts: Harvard University Asia Center, Harvard University Asia Center, Harvard University, 2010).

九　《醫道還元》目前最早的刊本，光緒二十七年（一九〇一）重刊的馬岡琢古齋本，廣泛流通於世，後世多次刻印，而且出現不同的版本。陸晶晶：〈扶乩信仰對清代道教醫學的推動與影響——以《醫道還元》為中心的研究〉，《道教研究學報：宗教、歷史與社會》第十期（二〇一八年），頁一九〇。

一〇　宗主理元針對降鸞經文的時間點，假天書以及可能造成的迷信所提出疑問，呂真人：「時之所趨，老夫當時以救世為懷，可惜並未得到傳承者，於清甲午（一八九四）再出鸞，亦因為當時西風東進不堪受重視，因有恆能修能傳者少矣」。〈二〇〇九年六月二十日〉，《聖靈山玉皇宮道元宗鸞會紀錄》。

一一　程雅君、程雅群合著：《醫道還元注疏》（四川：巴蜀書社，二〇〇八年），頁六～八。

一二　關於豐坊的偽書，請參考林慶彰：《豐坊與姚士粦》（臺北：東吳大學碩士論文，一九七八年）。

一三　「自古醫家相授受，皆謂藝術一流，足以濟人之窘急顛危，不足以語乎玄微大道，然此特未推究其源頭耳」，〈關聖帝君序〉，《醫道還元》，頁九。

一四　「故特擇地於信宜焉」，經查為位於廣東省西邊與廣西接壤的廣東省信宜縣。〈呂祖自序〉，《醫道還元》，頁一一二。

一五　「統三教而一以貫之」，〈太上道祖序〉，《醫道還元》，頁三。

一六　黎志添通過乾隆九年（一七四二）劉體恕本《呂祖全書》的研究，指出這部由湖北涵三宮在呂祖扶乩降筆指導下編修的道教經本，並不是由全真教龍門派道觀裏的道士所編撰、刊刻和推廣的，而是在各地的呂祖乩壇中，由信仰呂祖降乩的儒家知識分子以非常投入的信仰態度去採集、彙輯、出版和流傳的。黎志添：〈清代四種《呂祖全書》與呂祖扶乩道壇的關係〉，《中國文哲研究集刊》第四二期（二〇一三年），頁一八三～二三〇。

一七　《醫道還元》每卷經文逐條解釋作注，並寫道「呂真人曰」，是否實為呂真人所注仍有疑義。依據《聖靈山玉皇宮道元宗鸞會紀錄》，宗主理元對於《醫道還元》的注解何人提出疑問，呂真人：「注解乃當時之乩者」。〈二〇〇九年九月一二日〉，《聖靈山玉皇宮道元宗鸞會紀錄》。

一八　這個結論是基於蓋建民、何振中在二〇一四年出版《道教醫學精義》一書時，將《醫道還元》的九篇總論附在其後，作為「道教醫學」的代表作品而得。《道教醫學精義》是一部中醫學系大專用書，為「道教醫學」教程的少數專用教科書之一。蓋建民、何振中：《道教醫學精義（附《醫道還元》總論）》（北京：宗教文化出版社，二〇一四年）。

一九　薛清錄：〈前言〉，收入薛氏主編：《全國中醫圖書聯合目錄》（北京：中醫古籍版社，一九九五年）。

二〇　宗主理元針對降鸞經文的時間點，假天書以及可能造成的迷信所提出疑問，呂真人：「時之所趨，老夫當時以救世為懷，可惜並未得到傳承者，於清甲午（一八九四）再出鸞，亦因為當時西風東進不堪受重視，因有恆能修能傳者少矣，故因緣之生今於道元宗再以庚子年（一〇六〇）之七字文再傳，望理真人能了解其過程及老夫之用意，能結合道上有心之同修好好發揚此《道醫經》，並為下世紀之主流渡人之法門，善哉」。〈二〇〇九年六月二十日〉，《聖靈山玉皇宮道元宗鸞會紀錄》。

二一　聖靈山玉皇宮道元宗，民國六十四年（一九七五）開山，民國九十年（二〇〇一）玉皇大天尊賜正式宮名，主神為三官大帝，並指派理元（陳朝威）為第一代宗主，信眾稱為宮生。自開宗以來，週六日定期鸞會，諸位仙佛降鸞指引善信，將鸞會對話如實一一記載繕打存檔，有案可查。仙佛降鸞除了與眾生結緣指點迷津外，更重要的是降鸞經文《天地人》三卷、《脈經》、《道醫經》等。

二二　宗主理元詢問《醫道還元》〈文昌帝君序〉提到「是書自庚子初年，已有下傳之於世」一文，所謂「庚子」為何時？鸞文對答，宗主理元羅列從北宋至明代所有庚子紀年，呂真人：「v（意即同意理元所提宋仁宗嘉佑五年），與今日道元宗之七字文同」。〈二〇〇九年六月十三日〉，《聖靈山玉皇宮道元宗鸞會紀錄》。另，見本書序文「據醫書可考記載《道醫經》之源，早在宋朝即傳世」，惟指稱醫書可考，本文未見。引自〈《道醫經》序文〉，《道醫經》（臺北：聖靈山玉皇宮道元宗弘法叢書，二〇一二年十二月），頁二。

二三　透過《醫道還元》中〈文昌帝君序〉中稱呼「呂真人」為「孚佑呂真」一事，「孚佑」為呂洞賓於元武宗至大三年（一三一〇）獲朝廷敕封的名號，全稱為「純陽演正警化孚佑帝君」。呂洞賓在中國歷史上受朝廷敕封的名號，在不同年代一直在轉變。宋徽宗宣和元年（一一一九）獲封為「妙道真君」（或妙道真人）。元世祖至元六年（一二六九）獲封「純陽演正警化真君」，元武宗至大三年（一三一〇）加封為「純陽演正警化孚佑帝君」。因此，降授《醫道還元》的「呂真人」應為呂洞賓。據此可知《醫道還元》至少是元至大三年以後的作品。陸晶晶：〈扶乩信仰對清代道教醫學的推動與影響——以《醫道還元》為中心的研究〉，《道教研究學報：宗教、歷史與社會》第十期（二

○一八），頁一八六。

二四　關於降賜《道醫經》經文前的鸞會紀錄如下：神農大帝解疏《脈經》畢，道示下回將由呂真人降《道醫篇》。〈二〇〇九年三月一四日〉，《聖靈山玉皇宮道元宗鸞會紀錄》。呂真人：「出《道醫篇》約歷時一載，務必執行可否？」〈二〇〇九年三月一五日〉，《聖靈山玉皇宮道元宗鸞會紀錄》。天官大帝：「呂真慈航行教化，應時啟佈道醫經，文簡理易五行妙，身清心靜性命圓」，正式賜名《道醫經》。呂真人開始降鸞經文，自〈開經偈〉起。〈二〇〇九年三月二一日〉，《聖靈山玉皇宮道元宗鸞會紀錄》。呂真人：「人神共力春分啟，行雲流水秋分收，正法眼藏宇內傳，道經九品今圓篇」。宣布《道醫經》完篇。〈二〇〇九年九月二一日〉，《聖靈山玉皇宮道元宗鸞會紀錄》。

二五　呂真人：「v（意即同意理元所提宋仁宗嘉佑五年），與今日道元宗之七字文同」。〈二〇〇九年六月十三日〉，《聖靈山玉皇宮道元宗鸞會紀錄》。

二六　按聖靈山玉皇宮道元宗規定，起壇動乩必須三才（天才、地才、人才）以及六部（執事、司禮、禮香、鐘鼓、護法、八駿）皆全，由宮生擔任上述職務，方可開鸞盤，不能單獨開口乩；仙佛靈合於天才（乩生），天才持鸞筆在沙盤上寫出文字，地才負責抄錄文字，人才負責口報文字；鸞筆分龍筆、虎筆，龍筆主要仙佛降賜經文所用之筆，虎筆主要供善信問事所用之筆。〈二〇〇九年五月二日〉至〈二〇〇九年九月一九日〉，《聖靈山玉皇宮道元宗鸞會紀錄》。

二七　王真人，本名王砥中（一九二五～二〇〇三），道號光玄，出生於江西省九江市，民國三十八年隨國軍來臺，後任新營市天德堂主持。

二八　理元，本名陳朝威（一九四七～二〇〇九），為聖靈山玉皇宮道元宗開山宗主，道號理元，曾任中油董事長、臺北捷運董事長、中美和石油化學公司董事長，亦為本書序文作者。

二九　《醫道還元》每卷經文逐條解釋作注，並寫道「呂真人曰」，是否實為呂真人所注仍有疑義。依據《聖靈山玉皇宮道元宗鸞會紀錄》，宗主理元對於《醫道還元》的注解何人提出疑問，呂真人：「注解乃當時之乩者」。〈二〇〇九年九月十二日〉，《聖靈山玉皇宮道元宗鸞會紀錄》。另，呂真人也表示：「經文為老夫當年甲午年（一八九四）的鸞生所刻書，非古版（意指相對於宋代降鸞經文），而注疏部分另有其人，其所注疏以相當完好，若他日道宗教導眾生可作參考也」。〈二〇〇九年四月一一日〉，《聖靈山玉皇宮道元宗鸞會紀錄》。

三〇　該項工作主要由宗主理元以及宮生律明兩人負責，就《道醫經》每次鸞會所降經文，逐一簡注，下次鸞會向呂真人報告，做法上與《醫道還元》內文格式類似。過程中若有不懂之處，便於下次鸞會一併請教呂真人。〈二〇〇九年三月二一日〉至〈二〇〇九年十月四日〉，《聖靈山玉皇宮道元宗鸞會紀錄》。

三一　「青面震位木宮盛」，宮生律明釋文「肝木受七情搖動太盛，而面色青」。〈二〇〇九年四月一八日〉，《聖靈山玉皇宮道元宗鸞會紀錄》。「青者震位之徵」，呂真人釋文「人之肝木太過於盛，故其色必青，然盛實非真盛，乃七情搖動使之然耳」。〈卷一　脈理奧旨〉，《醫道還元》，頁三十。

三二　呂真人：「看《醫道還元》心篇及性命篇即有詳注」。〈二〇〇九年五月二日〉，《聖靈山玉皇宮道元宗鸞會紀錄》。

三三　宮生律明詢問《道醫經》「得法修持貴宏願，功成則騰雲白晝」以及「反本窮源真靈覓」，宮生、信士能否做到這個程度？又言：「弟子讀《道醫經》，而且每一週又很仔細地整理，弟子感嘆除了宗主和弟子之外沒有其他人的參與來看，實際上這樣子來看很有所得，但其他人沒有這樣子的感受，也因為沒有這樣的過程實在是很可惜，同時也希望給大家一點信心，知道這是做得到的事情」，呂真人答曰：「不可惜，人能登天嗎？」，又言：「光說不煉，何能登天？」。〈二〇〇九年九月一二日〉，《聖靈山玉皇宮道元宗鸞會紀錄》。

三四　呂真人：「若一切以《醫道還元》為主，那您倆不是白費工夫了嗎」，又言：「文精彩要實用才行，花拳繡腿不管用」。〈二〇〇九年九月一二日〉，《聖靈山玉皇宮道元宗鸞會紀錄》。

三五　〈二〇〇九年四月一一日〉，《聖靈山玉皇宮道元宗鸞會紀錄》。

三六　〈二〇〇九年九月一二日〉，《聖靈山玉皇宮道元宗鸞會紀錄》。

三七　呂真人：「何是『信願行證』？一般人只言難行啊，『信其真理在，願出眾生迷，行求日月恆，證貴在實踐』」。〈二〇〇九年四月一一日〉，《聖靈山玉皇宮道元宗鸞會紀錄》。呂真人：「『信願行證』，貴在行與證」。〈二〇〇九年六月十三日〉，《聖靈山玉皇宮道元宗鸞會紀錄》。

三八　關於鸞務司如何處理爭端、違背律條、落盤名號、外靈附人、假借搶鸞等有相當多的討論。〈二〇〇九年五月十日〉至〈二〇〇九年五月一六日〉，《聖靈山玉皇宮道元宗鸞會紀錄》

三九　濟佛：「老師來會瘋濟癲，先來一杯，老夫雲遊大千，今日首來道宗，先敬大家長」，宗主理元：「稟　濟佛，濟公禪師您這樣講，那表示曾來道宗的濟佛有很多，而您首次來」，濟佛：「濟公有很多，只要行為一致皆同，『瘋瘋癲癲走大千，癲癲人間不醉仙，濟人利物不求報，公在人心無多論』」。〈二〇〇九年九月一二日〉，《聖靈山玉皇宮道元宗鸞會紀錄》

四〇　天官大帝：「教化莫分神與人，有形無形誠即真，鸞盤教化可有無，九品圓真人扮神」。〈二〇〇九年十月三日〉，《聖靈山玉皇宮道元宗鸞會紀錄》。

四一　宗主理元：「道宗也走了快三十年了，大家在鸞這上面下的工夫很深，依賴也很重，但實際上卻忘掉自己心中本來就有一尊神佛，這神佛是法力無邊的，所謂法力無邊是說，他越去經歷，越去領悟，越去探索，能知道的越多；但是道宗的同修來參學，卻以外在的為其依歸、為其依賴：建議未來週日的鸞就將之停掉，然後由人來扮演神的代言者」。〈二〇〇九年十月三日〉，《聖靈山玉皇宮道元宗鸞會紀錄》。

四二　宗主理元針對降鸞經文的時間點，假天書以及可能造成的迷信所提出疑問，呂真人：「信理可也」。意思是說，透過了解經文後，以實證來考驗、相信真理，而不是去相信乩文。〈二〇〇九年六月二十日〉，《聖靈山玉皇宮道元宗鸞會紀錄》。

四三　陳士鐸，字敬之，號遠公，別號朱華子，又號蓮公，自號大雅堂主人，浙江山陰（今浙江紹興）人。據柳長華考證，陳士鐸的生卒年代大約在一六二七～一七〇七年。柳長華：〈陳士鐸醫學學術思想研究〉，收入柳長華主編：《陳士鐸醫學全書》（北京：中國中醫藥出版社，一九九九年），頁一三七。

四四　陳士鐸當時請教及習醫的對象並不是「人」，而是通過請乩的方式向已位列仙班的呂祖請序及求教，呂祖為其招來岐伯、張仲景、華佗，還有雷公、鬼臾區解答醫學上的難題，這些內容形成了《洞天奧旨》、《脈訣闡微》、《石室秘錄》、《外經微言》的主要內容。陸晶晶：〈扶乩信仰對清代道教醫學的推動與影響——以《醫道還元》為中心的研究〉，《道教研究學報：宗教、歷史與社會》第十期（二〇一八年），頁一七九～一八〇。

四五　Youtube網站搜尋：中華道醫健康學會——道醫經。

文化生活叢書．中華道醫健康叢刊 1300B02

道醫經

作　者　〔唐〕呂嵒　著
鄭醒銳　講述
中華道醫健康學會　印行
責任編輯　林以邠

發 行 人　林慶彰
總 經 理　梁錦興
總 編 輯　張晏瑞
編 輯 所　萬卷樓圖書股份有限公司
臺北市羅斯福路二段 41 號 6 樓之 3
電話　(02)23216565
傳真　(02)23218698

發　行　萬卷樓圖書股份有限公司
臺北市羅斯福路二段 41 號 6 樓之 3
電話　(02)23216565
傳真　(02)23218698
電郵　SERVICE@WANJUAN.COM.TW
香港經銷　香港聯合書刊物流有限公司
電話　(852)21502100
傳真　(852)23560735

ISBN 978-986-478-450-9
2021 年 5 月初版
平裝版　定價：新臺幣 360 元

如何購買本書：
1. 劃撥購書，請透過以下郵政劃撥帳號：
帳號：15624015
戶名：萬卷樓圖書股份有限公司
2. 轉帳購書，請透過以下帳戶
合作金庫銀行　古亭分行
戶名：萬卷樓圖書股份有限公司
帳號：0877717092596
3. 網路購書，請透過萬卷樓網站
網址　WWW.WANJUAN.COM.TW
大量購書，請直接聯繫我們，將有專人為您服務。客服：(02)23216565 分機 610

國家圖書館出版品預行編目資料

道醫經/(唐)呂嵒著 ; 鄭醒銳講述. -- 初版. -- 臺北市 : 萬卷樓圖書股份有限公司, 2021.05
面 ;　公分. -- (文化生活叢書. 中華道醫健康叢刊 ; 1300B02)
ISBN 978-986-478-450-9(平裝).
1.道教修鍊
235　110002028

中華道醫健康學會　印行